Ana Viegas

Quem conta um conto acrescenta um ponto

ATIVIDADES DE LEITURA RECREATIVA E DE ESCRITA CRIATIVA

QECR e QuaREPE Níveis B1/B2

LIDEL

Lidel - edições técnicas, lda

Edição e Distribuição
Lidel – Edições Técnicas, Lda.
Rua D. Estefânia, 183, r/c Dto – 1049-057 Lisboa
Tel: +351 213 511 448
lidel@lidel.pt
Projetos de edição: edicoesple@lidel.pt
www.lidel.pt

Livraria
Av. Praia da Vitória, 14 A – 1000-247 Lisboa
Tel: +351 213 511 448
livraria@lidel.pt

ISBN edição impressa: 978-989-752-191-1
1.ª edição impressa: agosto 2017

Conceção de *layout* e paginação: magnetic
Impressão e acabamento: Cafilesa – Soluções Gráficas, Lda. – Venda do Pinheiro
Depósito Legal: 429267/17

Capa: José Manuel Reis
Ilustração da capa: Liliana Lourenço

Ilustrações: Liliana Lourenço
Imagens: FreeImages.com, Freepik.com e Verónica Marques (páginas 120 e 122)

As citações dos autores dos contos, tal como os respetivos contos incluídos nesta obra, foram atualizados segundo a grafia do novo Acordo Ortográfico. Nos contos, sempre que possível, tentou-se respeitar a pontuação dos textos originais.

Todos os nossos livros passam por um rigoroso controlo de qualidade, no entanto aconselhamos a consulta periódica do nosso *site* (www.lidel.pt) para fazer o *download* de eventuais correções.

Não nos responsabilizamos por desatualizações das hiperligações presentes nesta obra, que foram verificadas à data de publicação da mesma.

Índice

Prefácio

A obra *Quem Conta um Conto Acrescenta um Ponto – Atividades de Leitura Recreativa e de Escrita Criativa*, que em boa hora a editora Lidel decidiu acolher no seu catálogo, vem preencher uma lacuna no panorama editorial das publicações dedicadas ao ensino-aprendizagem de Português para Falantes de Outras Línguas.

Resultando do trabalho desenvolvido por Ana Margarida Viegas no âmbito do Mestrado em Português Língua Não Materna – Português Língua Estrangeira/Língua Segunda (PLNM – PLE/PL2), a obra que agora se apresenta centra-se na criação de um conjunto de atividades didáticas destinadas ao desenvolvimento das competências integradas de leitura e de produção escrita, apresentadas sob a forma de 20 oficinas de Leitura Recreativa e de Escrita Criativa. Tais atividades, dirigidas a um público jovem e adulto, visam contribuir para a aquisição e o aperfeiçoamento de competências e destrezas linguísticas e culturais que se enquadram no perfil do falante de nível B1/B2 (autonomia) definido pelo Quadro Europeu Comum de Referência para as Línguas (QECR), bem como por outros instrumentos reguladores das práticas de ensino-aprendizagem de línguas estrangeiras.

O carácter inovador e o valor acrescido desta obra decorrem do facto de todas as propostas apresentadas pela autora incidirem sobre textos literários, mais concretamente sobre contos populares de tradição oral, recolhidos por três dos principais vultos da cultura portuguesa que se dedicaram a tal tarefa: Adolfo Coelho, Consiglieri Pedroso e Teófilo Braga.

Felizmente, o texto literário tem vindo a readquirir maior importância no âmbito das atuais tendências metodológicas para o ensino das línguas estrangeiras, mormente de PLE, as quais se distanciam hoje do reducionismo funcionalista e comunicacional de algumas abordagens linguísticas e didáticas do passado. Reconhece-se agora que a linguagem literária também é língua em ação, rejeitando-se, em consequência, uma aproximação ao binómio língua-literatura assente numa lógica maniqueísta que oponha a «língua com função utilitária» à «língua com função estética». Pelo contrário, os textos literários, e muito particularmente os contos populares de tradição oral, afiguram-se como instrumentos de aprendizagem de língua e cultura particularmente produtivos, porquanto configuram usos da língua que podem mimetizar todas as suas variantes (diacrónicas, diatópicas e diafásicas) ao mesmo tempo que transportam consigo representações sociais e modelos culturais próprios das comunidades linguísticas que os produzem.

Cumulativamente, a literatura caracteriza-se ainda pela sua universalidade e transversalidade, o que, em contexto didático de aprendizagem de línguas estrangeiras, pode ser extremamente estimulante para o desenvolvimento de atitudes interculturais.

Privilegiando uma abordagem comunicativa e orientada para a ação, fortemente ancorada numa conceção lúdica da apropriação da língua, esta obra assume-se como um excelente complemento aos manuais de PLE existentes no mercado, podendo ser utilizada tanto em contexto mediado por um professor como autonomamente pelo aluno, em situações de aprendizagem formal ou informal, mas sempre com o objetivo último de contribuir para o desenvolvimento das habilidades comunicativas dos estudantes de PLE, numa dinâmica de implicação recíproca das diversas competências associadas à língua portuguesa na sua dupla valência pragmático-funcional e estética.

Micaela Ramon
Instituto de Letras e Ciências Humanas
Universidade do Minho

Apresentação

Quem Conta um Conto Acrescenta um Ponto tem como principal objetivo desenvolver as competências comunicativas em língua (linguísticas, sociolinguísticas e pragmáticas) do aprendente de Português Língua Estrangeira através de atividades de leitura recreativa e de escrita criativa com base em contos populares portugueses.

Especificamente, tem como objetivo que o aprendente seja capaz de:

- Reconhecer a literatura oral como um conjunto de textos transmitidos oralmente, de geração em geração, por um povo, sendo, por isso mesmo, uma criação coletiva;
- Identificar alguns tipos de literatura oral, particularmente o conto;
- Definir e caracterizar o conto popular português enquanto um tipo particular de conto, pela sua transmissão oral, de geração em geração, por um povo – sendo, por isso mesmo, uma criação coletiva –, pela sua brevidade e simplicidade de enredo – que é fictício –, pela sua abreviada dimensão espácio-temporal e pelo seu número reduzido de personagens;
- Nomear os três escritores apresentados: Adolfo Coelho, Consiglieri Pedroso e Teófilo Braga;
- Identificar as vantagens da leitura e caracterizar a leitura recreativa enquanto um tipo particular de leitura que estimula a imaginação e a criatividade;
- Identificar as vantagens da escrita e caracterizar a escrita criativa enquanto um tipo particular de escrita que estimula a imaginação e a criatividade.

O conto popular português enquanto recurso lúdico-didático para o ensino-aprendizagem de Português Língua Estrangeira

A leitura de contos populares portugueses é fundamental para o aprendente de Português Língua Estrangeira, pois não só permite o acesso ao conhecimento linguístico, como também ao conhecimento cultural.

Do ponto de vista linguístico, o aprendente tem acesso, na forma escrita, à forma oral da língua portuguesa, com todos os traços de oralidade que a caracterizam: expressões coloquiais, pausas, reformulações, explicitações, repetições. Em suma, estão presentes dois códigos: o oral e o escrito.

Do ponto de vista cultural, o aprendente tem acesso à essência da sociedade portuguesa. Embora sejam contos fixados no século XIX, contêm o verdadeiro espírito português: espertalhão, invejoso, apaixonado e corajoso. Além disso, devido à estreita relação que Portugal sempre manteve com todos os países de língua portuguesa, é também possível estabelecer relações entre as situações ocorridas nos contos populares portugueses e as influências desses mesmos países.

É, portanto, possível, durante uma leitura, mostrar mais do que palavras: toda uma cultura.

Os escritores escolhidos: Adolfo Coelho, Consiglieri Pedroso e Teófilo Braga

A escolha das coleções de contos populares portugueses de Adolfo Coelho, Consiglieri Pedroso e Teófilo Braga prende-se com o facto de estes escritores os terem recolhido diretamente dos narradores, sem alterarem linguística ou tematicamente o seu conteúdo. Considera-se que apenas assim é possível mostrar o verdadeiro espírito português; de outra forma, estar-se-ia a mostrar a obra de um escritor português que soube adaptar eloquentemente os contos populares ao seu estilo pessoal.

Atividades de exploração dos contos populares portugueses: oficinas de leitura recreativa e de escrita criativa

As atividades de exploração dos contos populares portugueses visam atividades de leitura recreativa e de escrita criativa que implicam a participação ativa do aprendente no processo de desenvolvimento das suas competências comunicativas em língua. É seu intuito mostrar ao aprendente que é possível aprender uma língua estrangeira sem estudo formal, com a contribuição da leitura recreativa e da escrita criativa.

Ler recreativamente implica ler despreocupadamente. Permite ao leitor viajar por outros mundos, imergir-se noutras culturas, lidar com sensações boas (a alegria, a amizade, o amor) e más (a dor, a morte), refletir e confrontar pontos de vista, desenvolver a sua criatividade e a sua imaginação, ampliar o seu vocabulário e familiarizar-se com a escrita.

Escrever criativamente implica não se enclausurar dentro de uma gaiola de regras, isto é, não se cingir a procedimentos e modelos pré-estabelecidos, mas, sim, brincar com as palavras. Permite ao escritor comunicar consigo próprio e com os outros, imortalizar as suas palavras, organizar os seus pensamentos, refletir e ponderar com maior precisão, desenvolver a sua criatividade e a sua imaginação e aperfeiçoar a ortografia.

A leitura recreativa e a escrita criativa justificam a sua copresença nas atividades de exploração dos contos populares portugueses pelo enriquecimento mútuo que originam, por se assumirem como competências comunicativas lúdicas – ao aliarem à sua funcionalidade a dimensão de entretenimento – e por estimularem a imaginação, a criatividade e a participação ativa do aprendente.

Estas atividades de exploração de contos populares portugueses serão realizadas em oficinas de leitura recreativa e de escrita criativa. Poderão ser realizadas individualmente (em contexto de aprendizagem não formal) ou em contexto de aprendizagem formal, enquanto complemento aos materiais de base, e são dirigidas a um público-alvo jovem e adulto.

Organização

A presente obra encontra-se organizada da seguinte forma:

- **Parte I**: atividades iniciais sobre a literatura oral, o conto popular português, os escritores das principais coleções de contos populares portugueses, a leitura recreativa, a escrita criativa e informações úteis sobre a leitura e a escrita;
- **Parte II**: 20 oficinas de leitura recreativa e de escrita criativa com base em 20 contos populares portugueses, repartidas pelos níveis B1 e B2 do Quadro Europeu Comum de Referência para as Línguas: Aprendizagem, Ensino, Avaliação (QECR) e do Quadro de Referência para o Ensino Português no Estrangeiro (QuaREPE), com grau de dificuldade crescente. Geralmente, cada oficina contém atividades de pré-leitura, leitura, pós-leitura, planificação, textualização e revisão;
- **Parte III**: o meu dicionário, uma criação pessoal a partir do vocabulário adquirido a ser preenchido com a definição em contexto da palavra adquirida, um sinónimo e um antónimo.

[illegible] e ponderar com maior precisão, desenvolver a sua criatividade e a sua imaginação e aperfeiçoar a ortografia.

A leitura recreativa e a escrita criativa assumem-se nestas atividades de exploração dos contos populares portugueses pelo conhecimento mútuo que originam, por se assumirem como competências comunicativas lúdicas — [illegible] em a sua funcionalidade a compreensão de entretenimento — e por estimularem a imaginação, a criatividade e a participação ativa do aprendente.

Estas atividades de exploração de contos populares portugueses serão realizadas em oficinas de leitura recreativa e de escrita criativa. Poderão ser realizadas individualmente (em contexto de aprendizagem não formal) ou em contexto de aprendizagem formal, enquanto complemento aos materiais de base, e são dirigidas a um público-alvo jovem e adulto.

Organização

[illegible]

Parte I

Atividades iniciais

A literatura oral
O conto popular português
Os escritores
A leitura recreativa
A escrita criativa
Mensagem para os leitores e escritores
Mensagem para o professor

A literatura oral

O conjunto de textos transmitidos oralmente, de geração em geração, por um povo, constitui a literatura oral. Estes textos, pelo facto de terem viajado por tão diversas bocas, são o resultado de uma criação coletiva, refletindo uma riqueza cultural relevante. Já diz o provérbio, «quem conta um conto acrescenta um ponto».

Atividade

1. O que achas que significa o provérbio popular português «quem conta um conto acrescenta um ponto»?

____

____

____

2. **Jogo do telefone estragado:** inventa uma frase longa ou uma história curta e conta-a ao ouvido do teu amigo mais próximo; depois, ele terá de a contar ao seu amigo mais próximo e assim por adiante, até todos a terem ouvido (quantos mais, melhor!); no final, o último deverá contar o que ouviu.

Qual foi a conclusão a que chegaste?

____

____

____

3. Compara a tua primeira impressão sobre o provérbio com a que ficaste depois de jogar ao jogo do telefone estragado.

____

____

____

São considerados exemplos de literatura oral os provérbios (como o referido acima), as lendas, as fábulas ou os contos.

O conto popular português

O conto popular é um tipo de conto e caracteriza-se pela sua transmissão oral, de geração em geração, por um povo – sendo, por isso mesmo, uma criação coletiva –, pela sua brevidade e simplicidade de enredo – que é fictício –, pela sua abreviada dimensão espaciotemporal e pelo número reduzido de personagens.

Em Portugal, os contos populares portugueses foram reunidos por Adolfo Coelho (1847-1919), Consiglieri Pedroso (1851-1910) e Teófilo Braga (1843-1924), entre outros. Estes três escritores dedicaram-se, durante anos, a recolher os contos que andavam nas bocas dos portugueses[1], trabalho difícil e demorado, assim descrito pelos mesmos:

«Todos os contos (...) foram coligidos[2] diretamente da tradição oral, de modo que a sua genuinidade[3] é de todo o ponto irrefutável[4].»

(Pedroso, 1992: p. 33)

«[T]em havido grandes dificuldades para se obterem os contos, porque as velhas não os querem narrar[5] nem à mão de Deus-Padre[6]. É preciso gastar dinheiro e tempo; paciência, sobretudo, é que é muito precisa.»

(Braga, 2013: s/p)

«[O]s narradores[7] a quem nos socorremos (...) nem suspeitavam, sequer, que alguém pudesse seriamente interessar-se por tão fúteis bagatelas[8], não tendo jamais nenhum deles ditado conto algum ou mesmo simplesmente contado, a não ser para satisfazer a curiosidade infantil de um filho, neto ou irmãozinho.»

(Pedroso, 1992: p. 33)

[1] Trocadilho com a expressão «nas bocas do mundo».

[2] Coligidos = recolhidos; [3] Genuinidade = autenticidade; [4] Irrefutável = inquestionável.

[5] Narrar = ditar; [6] Nem à mão de Deus-Padre = de forma nenhuma.

[7] Narradores = pessoas que narram os contos populares; [8] Fúteis bagatelas = coisas sem importância.

Atividade

1. Como achas que Adolfo Coelho, Consiglieri Pedroso e Teófilo Braga recolheram os contos populares portugueses? Debate-o com os teus amigos e anota as conclusões a que chegaram.

2. Jogo do caçador de contos populares: transforma-te num dos escritores referidos e vai à caça de contos populares. Para começar, tens de ter contigo os seguintes materiais: bloco de notas e caneta. De seguida, aproxima-te de um dos teus amigos e pede-lhe para te ditar um conto popular (tem de o saber de memória; não o pode estar a ler); depois, dirige-te a outro amigo e faz o mesmo, até teres falado com todos. Existe, porém, uma condição: alguns dos teus amigos vão ter de fingir que não querem falar contigo (tal como alguns narradores não quiseram falar com os escritores) e a tua tarefa é convencê-los a falar contigo e a ditar-te os contos populares.

O que achaste da tua caça aos contos populares? Foi fácil, difícil, rápida, demorada?

3. Como achas, então, que terá sido o trabalho de Adolfo Coelho, Consiglieri Pedroso e Teófilo Braga?

A importância das suas coleções de contos populares é grande, pois são a representação fiel do que ouviram:

> «Respeitando com todo o escrúpulo[9] a espontaneidade[10] popular, não nos julgámos autorizados a retocar[11], sob o pretexto[12] de uma falsa compreensão artística, a linguagem dos narradores. (…) [N]em as repetições foram suprimidas[13], (…) nem um único conto foi transcrito[14] de memória.»
>
> (Pedroso, 1992: pp. 34-35)

Os contos populares são, acima de tudo, uma montra cultural. Através deles, é possível aceder ao imaginário dos seus criadores e relacioná-lo com o modo de vida do seu povo. Isto acontece porque, apesar de o conto popular estar presente em todas as sociedades do mundo na sua forma mais genérica, foi adaptado por cada sociedade que o recebeu, introduzindo-lhe os seus valores e modelos de atuação.

Os contos populares portugueses são, pois, o espelho da sociedade e cultura portuguesas, que os foi enriquecendo com acrescentos e transformações ao longo dos tempos em que os passava de boca em boca, nos serões entre familiares e amigos.

> «[A]s literaturas só têm valor verdadeiro quando aproveitam as minas da tradição popular, haurem[15] delas as formas cujo sentido humano é provado pela sua generalização no tempo e no espaço, vazando[16] nelas os sentimentos e conceções de uma época e imprimindo-lhes o cunho[17] de uma grande individualidade poética.»
>
> (Coelho, 1995: p. 49)

---

[9] Escrúpulo = cuidado; [10] Espontaneidade = naturalidade; [11] Retocar = modificar; [12] Pretexto = = justificação; [13] Suprimidas" = eliminadas; [14] Transcrito = reproduzido.
[15] Haurem = retiram; [16] Vazando = inserindo; [17] Cunho = marca.

4. Verdadeiro ou falso?

		V	F
4.1.	A literatura oral é o conjunto de textos passados por escrito de geração em geração.	☐	☐
4.2.	A literatura oral era contada nos serões entre familiares e amigos.	☐	☐
4.3.	Alguns exemplos de literatura oral são os provérbios e os contos.	☐	☐
4.4.	Adolfo Coelho, Consiglieri Pedroso e Teófilo Braga foram os únicos escritores a recolher e a publicar contos populares portugueses.	☐	☐
4.5.	Estes escritores recolheram os contos populares portugueses rapidamente.	☐	☐
4.6.	Estes escritores não alteraram os contos populares que ouviram.	☐	☐
4.7.	Os contos populares estão presentes em todo o mundo.	☐	☐
4.8.	Cada país adequou os contos populares aos seus costumes e valores.	☐	☐
4.9.	Os contos populares não refletem a cultura de um povo.	☐	☐
4.10.	A literatura só tem valor quando aproveita os contributos da tradição popular.	☐	☐

Os escritores

Membro destacado da chamada Geração de 70, **Adolfo Coelho** nasceu em Coimbra, em 1847, e morreu em Carcavelos, em 1919. Autor de *A Língua Portuguesa*, obra de 1868, na qual procedeu ao estudo comparativo das línguas românicas, foi também filólogo, pedagogo, etnógrafo, historiador, crítico literário e introdutor dos estudos de Filologia Comparada em Portugal.

Adaptado de: «Adolfo Coelho». Em *Infopédia* [www.infopedia.pt].

Consiglieri Pedroso nasceu em 1851, em Lisboa, e morreu em 1910, em Sintra. Além do ensino e da política, distinguiu-se em várias áreas, nomeadamente na etnografia, tendo sido, conjuntamente com outros investigadores, um dos fundadores e um dos mais importantes dinamizadores da Antropologia em Portugal. Neste âmbito, dedicou-se sobretudo ao estudo dos mitos, das tradições e das superstições populares. Foi ainda presidente da Sociedade de Geografia de Lisboa e sócio efetivo da Academia de Ciências de Lisboa.

Adaptado de: «Zófimo Consiglieri Pedroso». Em *Infopédia* [www.infopedia.pt].

Político, professor e escritor português, **Teófilo Braga** nasceu em 1843, em Ponta Delgada, e morreu em 1924, em Lisboa. Foi um dos principais representantes da Geração de 70 e um dos mais prolíficos autores da segunda metade do século XIX e inícios do século XX. Logo após a proclamação da República, em 1910, foi escolhido para presidente do Governo provisório. Em 1915, exerceu as funções de Presidente da República interino.

Adaptado de: «Teófilo Braga». Em *Infopédia* [www.infopedia.pt].

1. Quem é quem?

1.1. Foi Presidente da República Portuguesa.

1.2. Foi o impulsionador da Filologia Comparada em Portugal.

1.3. Foi um aficionado pela Antropologia.

a. Adolfo Coelho

b. Consiglieri Pedroso

c. Teófilo Braga

A leitura recreativa

Sabias que o leitor tem os seus próprios direitos? Foi Daniel Pennac quem os elaborou.

1. O direito de não ler.
2. O direito de saltar páginas.
3. O direito de não acabar um livro.
4. O direito de reler.
5. O direito de ler não importa o quê.
6. O direito de amar os «heróis» dos romances.
7. O direito de ler não importa onde.
8. O direito de saltar de livro em livro.
9. O direito de ler em voz alta.
10. O direito de não falar do que se leu.

Como reparaste, o primeiro direito do leitor é que não é obrigado a ler. Mas já pensaste que é quase impossível não leres? Quando te levantas e tomas o pequeno-almoço, certamente lês a caixa dos cereais, a embalagem do leite ou os títulos das notícias da manhã, na televisão ou no jornal. Em apenas 15 minutos, vê bem o que consegues ler; agora imagina o resto do teu dia... Se a esses momentos juntares aqueles em que te sentas ou deitas com um livro nas mãos, serás um leitor e peras![18]

Além de direitos, é também importante que o leitor tenha alguns deveres. No entanto, ainda ninguém elaborou uma lista de «deveres do leitor». Completa os retângulos abaixo com as tuas sugestões (já te ajudámos com uma):

1. O dever de não estragar os livros.
2. ______________________
3. ______________________
4. ______________________
5. ______________________
6. ______________________
7. ______________________
8. ______________________
9. ______________________
10. ______________________

[18] A expressão idiomática «e peras» significa que o que foi dito antes é algo positivo. Neste caso, «ser um leitor e peras» significa ser um leitor muito bom, muito completo.

Ler tanto pode ser sonhar como adquirir conhecimento; depende apenas daquilo que estás a ler e de como o estás a fazer. Se o tornares um hábito, terás múltiplos benefícios. A *The Children's Reading Foundation* aconselha a ler 20 minutos por dia. Não é muito, pois não?

As seguintes nuvens apresentam algumas vantagens do ato de ler (a leitura). O que pensas sobre elas? Concordas ou discordas? Debate-as com os teus amigos e acrescenta as que quiseres.

Agora é a tua vez. O que é, para ti, ler? Por que razão achas que é importante ler?

A escrita criativa

Como viste, enquanto lês estás a familiarizar-te com a escrita. Começas a reconhecer as letras, a juntá-las de modo a formar palavras, a aprender a estrutura das frases. Tudo isto acontece inconscientemente, sem dares conta. É por isso que se diz que a leitura melhora a escrita. Um bom leitor será, certamente, um bom escritor (que não precisa de escrever romances, poemas ou canções, mas postais, cartas ou *e-mails* para os familiares e amigos).

Nestes pergaminhos vais encontrar alguns benefícios do ato de escrever (a escrita). O que pensas sobre eles? Concordas ou discordas? Debate-os com os teus amigos e acrescenta os que quiseres.

ESCREVER

- é comunicar: contigo e com os outros.
- imortaliza memórias: as tuas, as de um povo.
- organiza os pensamentos.
- promove a reflexão.
- é uma medicina alternativa: muitos médicos usam-na para aliviar os seus doentes.
- melhora a ortografia.
- desenvolve a aprendizagem.

Agora é a tua vez. O que é, para ti, escrever? Por que razão achas que é importante escrever?

Durante a escrita, deves ter em atenção as três etapas seguintes:

Planificação ⟷ **Textualização** ⟷ **Revisão**

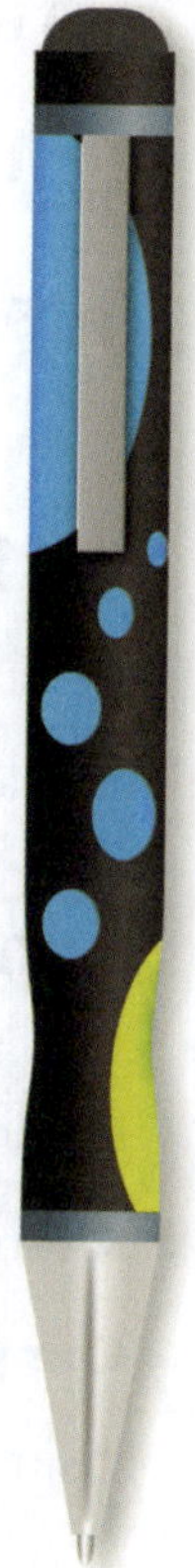

A **planificação** corresponde à fase de preparação:
- Escolher o tema;
- Identificar as ideias-chave;
- Reavivar e pesquisar informação sobre as ideias-chave;
- Organizar as ideias-chave;
- Definir e organizar a estrutura do texto, conforme a sua tipologia ou género.

A **textualização** corresponde à fase de escrita:
- Ativar, pesquisar, escolher e empregar vocabulário adequado;
- Assegurar a correção ortográfica, de pontuação, de acentuação e de sinais auxiliares de escrita;
- Certificar a coesão e a coerência textuais;
- Escrever.

A **revisão** corresponde à fase de análise:
- Confrontar as expectativas da planificação com a realidade da textualização;
- Reler;
- Corrigir;
- Reescrever.

Estas três etapas podem ocorrer sequencialmente ou simultaneamente. Por exemplo, enquanto estás a meio da escrita de um texto, podes planificar o que ainda te falta escrever ou rever o que já foi escrito.

O uso de conectores discursivos confere uma maior organização textual:

Finalidade	com o intuito de, com o objetivo de, por forma a, para (que)
Tempo	em primeiro lugar, em seguida, então, durante, simultaneamente, enquanto, entretanto, depois, quando, até que, após, por fim, finalmente
Espaço	em cima, sobre, em baixo, sob, atrás, detrás, à frente, diante, ao lado, à direita, à esquerda, ao centro, no meio, próximo de, naquele lugar
Adição	e, ainda, também, adicionalmente, além disso, assim como, incluindo
Confirmação	com efeito, de facto, realmente, com certeza, sem dúvida que, claramente
Dúvida	talvez, provavelmente, é provável que, possivelmente, porventura
Alternativa	ou… ou, ora… ora, quer… quer, em alternativa, alternativamente
Comparação	conforme, (tal) como, também, de forma idêntica, igualmente
Contraste	mas, porém, contudo, no entanto, pelo contrário, por um lado… por outro
Concessão	embora, apesar de, se bem que, ainda que, ainda assim, mesmo assim
Hipótese	se, caso, salvo se, a não ser que, exceto se, desde que, na condição de
Causa	pois, já que, visto que, uma vez que, por causa de, devido a, porque
Explicitação	por outras palavras, isto é, ou seja, mais precisamente, por exemplo
Consequência	por isso, pelo que, portanto, por conseguinte, consequentemente, logo
Conclusão	concluindo, em síntese, resumindo, em suma, recapitulando

Mensagem para os leitores e escritores

«Primeiro, aprende-se a ler.
Depois, lê-se para aprender.»

The Children's Reading Foundation

- **Ler** é um hábito, por isso é importante que estabeleças uma rotina de leitura: podes ler nos transportes públicos, todas as noites antes de dormir, ter sempre um ou mais livros em cima da mesa de cabeceira ou andar sempre com um livro na mochila;
- Frequenta constantemente bibliotecas, livrarias e feiras do livro;
- Lembra-te de que não precisas de gastar dinheiro para ler: podes pedir livros emprestados aos teus amigos ou requisitar na biblioteca;
- Lê aquilo que te interessa e não o que os outros te dizem para ler. Lê ao teu ritmo: tu, melhor do que ninguém, sabes a velocidade de leitura que mais se adequa a ti;
- Ouve música de fundo;
- Faz atividades relacionadas com o que estás a ler: visita um museu se a história se passa num museu, passeia num parque se a história se está a desenrolar num;
- Dá largas à tua imaginação![19]

[19] «Dar largas» significa «dar liberdade». Neste caso, dá total liberdade à tua imaginação.

«Escrever é ter a companhia
do outro de nós que escreve.»

Vergílio Ferreira

- **Escrever** também é um hábito, por isso podes, igualmente, criar uma rotina de escrita: mantém um diário, anda sempre com uma caneta e um bloco de notas contigo, corresponde-te com os teus amigos e familiares;
- Aponta todas as tuas ideias: enganas-te se pensas que não te vais esquecer de nada;
- Escreve à mão: dá todo um outro sentido à escrita. Podes sempre passar a computador depois;
- Escreve de maneira organizada: começa com a introdução, para apresentares o assunto que vais tratar, passa para o desenvolvimento, para explicares o assunto, e termina com a conclusão, para um remate final do que estiveste a tratar;
- Mais uma vez, dá largas à tua imaginação!

Mensagem para o professor

Quem Conta um Conto Acrescenta um Ponto – Atividades de Leitura Recreativa e de Escrita Criativa é um complemento lúdico-didático inovador e único na área, apresentando-se como o primeiro manual de oficinas de leitura recreativa e de escrita criativa para aprendentes de Português Língua Estrangeira.

Na sua conceção, foram tidas em consideração as diretrizes do Quadro Europeu Comum de Referência para as Línguas: Aprendizagem, Ensino, Avaliação (QECR), do Quadro de Referência para o Ensino Português no Estrangeiro (QuaREPE), do *Plan Curricular del Instituto Cervantes*, assim como as orientações para os exames da rede de Ensino Português no Estrangeiro (EPE), do Centro de Avaliação de Português Língua Estrangeira (CAPLE), dos *Diplomas de Español como Lengua Extranjera* (DELE) e do *Young Learners English* (YLE) da Universidade de Cambridge. Além disso, foi elaborado do ponto de vista de quem o receberá – o ensinante e o aprendente –, o que permitiu a antevisão de dificuldades e a sua consequente facilitação e resolução.

Segue uma abordagem comunicativa e orientada para a ação, o que implica uma participação ativa tanto da parte do ensinante como da parte do aprendente, privilegiando os momentos de aprendizagem não formal e informal, a articulação com outros materiais e a centralidade do aprendente, que deve ser responsável pela sua aprendizagem, autónomo, pró-ativo e capaz de negociar com o ensinante as melhores formas de prosseguir a sua aprendizagem fora do contexto formal, promovendo, deste modo, a aprendizagem ao longo da vida.

Na realização das oficinas de leitura recreativa e de escrita criativa, sugere-se que o ensinante:

- Conjugue as oficinas com o manual do aluno, realizando uma oficina por mês, preferencialmente numa única aula, com a duração aproximada de duas horas, sempre variável tendo em conta o número de aprendentes;
- Siga a ordem das atividades, que, geralmente, compreendem atividades de ativação de conhecimentos prévios sobre o tema a tratar (pré-leitura), atividades de estimulação sobre o que se está a ler (leitura), atividades de compreensão geral do que se leu (pós-leitura) e atividades de escrita criativa;
- Favoreça a iniciativa e a autonomia do aprendente, dando-lhe a responsabilidade de identificar claramente o que não compreendeu,

de pesquisar o significado de palavras desconhecidas no dicionário, de antecipar os acontecimentos nas narrativas com um nível de independência crescente e de planificar, redigir e rever os seus próprios textos também com um nível de independência crescente;

- Estimule no aprendente o desejo de ler outras obras e de escrever em língua portuguesa fora do contexto académico, transportando, desse modo, para o seu dia a dia as aprendizagens adquiridas nas aulas de Português Língua Estrangeira.

Parte II

Oficinas de Leitura Recreativa e de Escrita Criativa

B1

Oficina 1 – «O coelhinho branco», Adolfo Coelho
Oficina 2 – «O jogo do pira», Teófilo Braga
Oficina 3 – «O mocho e o lobo», Consiglieri Pedroso
Oficina 4 – «As orelhas do abade», Teófilo Braga
Oficina 5 – «O grilo e o leão», Consiglieri Pedroso
Oficina 6 – «O feiticeiro», Consiglieri Pedroso
Oficina 7 – «Comadre morte», Adolfo Coelho
Oficina 8 – «O saco das nozes», Teófilo Braga
Oficina 9 – «Frei João Sem Cuidados», Teófilo Braga
Oficina 10 – «O burro do azeiteiro», Adolfo Coelho

Oficina 1

«O coelhinho branco»
Adolfo Coelho

Nível **B1** Duração aproximada: **120 minutos**

1. O conto popular que vais ler cita alguns animais. Provoca uma **tempestade de ideias** na tua mente e refere o nome de dez animais que conheças.

1 ________ 6 ________
2 ________ 7 ________
3 ________ 8 ________
4 ________ 9 ________
5 ________ 10 ________

Numa tempestade de ideias deves escrever tudo o que te vem à cabeça sobre um determinado tema.

2. Decifra as adivinhas.

A. O que é que sai todos os dias, mas nunca põe os pés fora de casa?

____

B. Qual é o cavalo que mais gosta de tomar banho?

____

C. O que é que bebe leite, mas não café, está no telhado, mas não é chaminé?

____

3. Cria uma adivinha para cada uma das imagens.

A. ________

B. ________

4. Lê o conto popular individualmente e em silêncio.

O coelhinho branco

Era uma vez
Um coelhinho
Que foi à sua horta
Buscar couves
P'ra fazer um caldinho.

Quando o coelhinho branco voltou para casa, depois de vir da horta, chegou à porta e achou-a fechada por dentro;

5. O que achas que terá acontecido?

___

___

Sublinha o que não perceberes e anota as questões que te surjam nas margens.

bateu e perguntaram-lhe de dentro: — Quem é?
O coelhinho respondeu:
— Sou eu, o coelhinho,
Que venho da horta
E vou fazer um caldinho.

Responderam-lhe de dentro:
— E eu sou a cabra cabrês
Que te salto em cima
E te faço em três.

Foi-se o coelhinho por aí fora muito triste e encontrou um boi e disse-lhe:
— Eu sou o coelhinho
Que tinha ido à horta
E ia para casa
Fazer o caldinho;

Mas quando lá cheguei
Encontrei a cabra cabrês
Que me salta em cima
E me faz em três.

Responde o boi: — Eu não vou lá que tenho medo.
Foi o coelhinho andando e encontrou um cão e disse-lhe:
— Eu sou o coelhinho, etc.
Responde o cão: — Eu não vou lá que tenho medo.

Foi mais adiante o coelhinho e encontrou um galo, a quem disse também:
— Eu sou o coelhinho, etc.
Responde o galo: — Eu não vou lá que tenho medo.

Foi-se o coelhinho muito mais triste, já sem esperanças de poder voltar para casa, quando encontrou uma formiga, que lhe perguntou: — Que tens tu, coelhinho?
— Eu vinha da horta, etc.
Responde a formiga: — Eu vou lá e veremos como isso há de ser.

Foram ambos e bateram à porta; diz-lhes a cabra cabrês lá de dentro:
— Aqui ninguém entra
Está cá a cabra cabrês
Que lhes salta em cima
E os faz em três.

Responde a formiga:
— Eu sou a formiga rabiga,
Que te tiro as tripas
E furo a barriga.

Dito isto, a formiga entrou pelo buraco da fechadura, matou a cabra cabrês, abriu a porta ao coelhinho, foram fazer o caldinho e ficaram vivendo juntos, o coelhinho branco e a formiga rabiga.

6. A partir do título, elabora um acróstico que narre o que se passou no conto popular. Segue o exemplo.

O ____________________
C ____________________
O ____________________
E ____________________
L ____________________
H ____________________
I ____________________
N ____________________
H ____________________
O ____________________
B ____________________
R ____________________
A ____________________
N ____________________
C ____________________
O ____________________

Andava
Facilmente pelas
Ondas do chão, quando
Recebeu um pedido de ajuda.
Muito rapidamente
Iniciou as negociações com a cabra cabrês,
Ganhando, no fim,
A casa do coelhinho branco.
Raramente discutiam e
Ainda por cima cantavam
Bem.
Inauguraram um restaurante feito de
Garfos, facas e colheres e
Assim fizeram um bom pé de meia.

7. O coelhinho branco encontrou animais que, à primeira vista, parecem bastante fortes e destemidos (corajosos), como o boi, o cão ou o galo. No entanto, foi uma formiga, um animal pequeno, que o ajudou. Num texto de entre 50 a 70 palavras, relaciona esta situação com o provérbio popular português «as aparências iludem».

____
____
____
____
____
____
____
____

Oficina 2

«O jogo do pira»
Teófilo Braga

Nível **B1** Duração aproximada: **120 minutos**

1. Lê o conto popular com mais dois amigos. Entre todos, decidam quem faz de narrador, quem faz de estudante e quem faz de estalajadeira.

O jogo do pira

Um estudante queria comer sem pagar e, andando uma vez à tuna, foi parar a casa de uma estalajadeira, onde pediu tudo o que lhe apeteceu. Depois de bem comido, tratou de se safar e propôs à estalajadeira que lhe ensinaria um jogo novo muito bonito.

— Então como é o jogo?

2. Discute com um amigo qual poderá ser o jogo que permite ao estudante sair da estalagem sem pagar. Apresenta-o num texto de entre 35 a 45 palavras.

Nome do jogo: ______________________________

____

____

____

____

____

____

____

____

____

Sublinha o que não perceberes e anota as questões que te surjam nas margens.

Disse-lhe o estudante:

— Segure neste novelo e deixe-me a ponta da linha porque é o Jogo do Pira. Ora veja como é que se joga.

Ele começa a puxar a linha, andando de costas para a porta, e a dizer:
— Pira, pira, pira.
Foi saindo e, assim que se apanhou na rua, bota a correr dizendo:
— Pira por aqui abaixo.
E ninguém mais o apanhou.

3. Compara o jogo que tu e o teu amigo apresentaram com o jogo que o estudante mostrou. Quais são as semelhanças e as diferenças entre ambos?

____

____

4. Atribui um título alternativo ao conto popular. Justifica a tua escolha.

____

____

5. Relaciona o vocabulário com as definições.

1 **andar à tuna**	a livrar-se de algo
2 **estalajadeira**	b satisfeito
3 **bem comido**	c quem tem uma estalagem
4 **safar-se**	d bola de fio enrolado
5 **novelo**	e começar
6 **botar**	f vadiar

6. A partir do conto popular, não é possível saber como o estudante e a estalajadeira são fisicamente. Imagina o seu aspeto e faz a sua descrição física.

Estudante	**Estalajadeira**
______________	______________
______________	______________
______________	______________
______________	______________
______________	______________
______________	______________

7. Das seguintes hipóteses, qual achas que foi o momento-chave do conto popular? Porquê?

- ☐ Quando o estudante chegou a casa da estalajadeira e comeu tudo aquilo que lhe apeteceu.
- ☐ Quando o estudante teve uma ideia para sair sem pagar nada.
- ☐ Quando o estudante entregou o novelo à estalajadeira e começou a andar para trás, enquanto repetia «pira, pira, pira» e o novelo se ia desfazendo.
- ☐ Quando o estudante chegou à rua e fugiu a correr.

____

____

8. O conto popular que leste é muito curto. Expande a sua introdução, acrescentando informação sempre que possível. Segue o exemplo.

Um estudante alto, magro e muito espertalhão ______________________

____

____

____

____

____

9. *E se...* a estalajadeira conseguisse apanhar o estudante, o que achas que aconteceria? Descreve-o num texto de entre 50 a 70 palavras.

____

____

____

____

____

____

____

____

10. Que parte do conto popular achaste mais divertida? E mais aborrecida?

11. Reconta oralmente o conto popular com mais dois amigos. Um fica encarregado do início (ou introdução), outro do meio (ou desenvolvimento) e outro do fim (ou conclusão). Têm cinco minutos para a narração.

12. Envia um *e-mail* a um amigo, contando-lhe uma situação engraçada da qual conseguiste escapar. Escreve cerca de 100 palavras.

De: ______________________________

Para: ______________________________

Assunto: ______________________________

Oficina 3

«O mocho e o lobo»
Consiglieri Pedroso

Nível **B1** Duração aproximada: **120 minutos**

1. O conto popular que vais ler fala de um tipo de árvore: o pinheiro. Completa o esquema:

O pinheiro dá → ____________________, que, por sua vez, dão → ____________________.

2. O pinheiro cresce no mato, uma zona que se desenvolve naturalmente sem a intervenção do ser humano. Elabora um sinal de aviso com alguns conselhos sobre boas práticas que devemos manter com a Natureza.

Boas práticas para com a Natureza:

1. ____

____

2. ____

____

3. ____

____

4. ____

____

5. ____

____

3. Lê o conto popular individualmente e em silêncio.

O mocho e o lobo

O lobo andava no mato e o mocho estava em cima de um pinheiro no ninho.

O lobo enroscou o rabo no pinheiro como quem o queria serrar. O mocho, de cima, disse-lhe:

— Ó compadre, não me serres o pinheiro, senão os meus filhos caem abaixo e morrem.

Responde o lobo:

— Pois se não queres que eu serre o pinheiro, anda tu cá abaixo.

O mocho não queria, mas afinal sempre veio, vindo de galho em galho, e depois disse para o lobo:

— Lobo, que queres de mim?

O lobo respondeu:

— Anda cá mais abaixo, que quero dizer-te um recado.

O mocho respondeu:

— Diz daí, que eu ouço bem.

O lobo tornou a dizer:

— Anda cá, que eu não te faço mal.

O mocho descuidou-se e desceu e o lobo passou-lhe os dentes e meteu-o na boca.

O mocho, de dentro da boca do lobo, disse:

— Eh! Compadre, não me comas, que eu quero fazer testamento!

O lobo disse-lhe:

— Não, que agora no galheiro estás tu.

Diz o mocho:

— Então deixa-me ir despedir-me lá acima da árvore dos meus filhos.

O lobo disse:

— Não te deixo ir, compadre, que tu foges-me.

Sublinha o que não perceberes e anota as questões que te surjam nas margens.

O mocho disse então:

— Olha, ao menos hás de dizer três vezes, que é para eles saberem: «Mocho comi».

O lobo disse muito baixinho, para não abrir a boca:

— «Mocho comi».

O mocho disse-lhe:

— Ó compadre, fala mais alto, senão não ouvem.

O lobo tornou a repetir: «Mocho comi», já mais alto.

Responde o mocho:

— Mais alto, senão eles não ouvem.

Nisto, o lobo escachou a boca para gritar mais alto e ia a dizer: «Mocho comi».

O mocho, mal apanhou a boca aberta, abalou para cima do pinheiro e disse-lhe:

— Outro sim, que não a mim.

4. Preenche as palavras cruzadas com vocabulário do conto popular.

Vertical

1. Mensagem transmitida por alguém a outrem.
2. O mesmo que «em baixo».
4. Árvore que dá a pinha e o pinhão.
8. Terreno inculto e com plantas agrestes.

Horizontal

3. O mesmo que «em cima».
5. Abrigo construído pelas aves.
6. Órgão onde se produz a fala.
7. Ave de rapina noturna.
9. Dizer algo em voz muito alta.
10. Mamífero carnívoro de pelo cinzento semelhante a um cão grande.

5. Joga ao *Jogo do Mocho e do Lobo* (Anexo 1).

- Materiais: um dado para lançares quando for a tua vez, de modo a saberes para que casa deves ir, e um peão por cada jogador;
- Regras:
  - Em primeiro lugar, lança o dado para saberes para que casa deves ir; depois, anda esse número de casas com o teu peão e deixa-o na última casa;
  - Em segundo lugar, lê a casa em que calhaste e responde acertadamente ao que te é perguntado;

Nota: por cada resposta errada, ficas uma vez sem jogar; ganha o jogador que chegar à meta em primeiro lugar; não podes consultar o conto popular.

6. Relaciona as expressões idiomáticas (expressões populares cujo significado não é literal) com a sua interpretação.

1 Meter-se na boca do lobo	a Aquele que oculta as suas verdadeiras intenções.
2 Lobo com pele de cordeiro	b Ir ao encontro do perigo.

7. Usando as expressões idiomáticas anteriores, reconta o conto popular, do ponto de vista dos filhotes do mocho, num texto de cerca de 100 palavras.

Oficina 4

«As orelhas do abade»
Teófilo Braga

Nível **B1** Duração aproximada: **120 minutos**

1. O conto popular que vais ler tem como título «As orelhas do abade». A partir do mesmo, sobre o que achas que vai ser a história? Dá a tua opinião num texto de entre 35 a 45 palavras.

____
____
____
____
____

2. Lê o conto popular com mais três amigos. Entre todos, decidam quem faz de narrador, quem faz de mulher, quem faz de marido e quem faz de abade. Imaginem que são atores e que estão a ensaiar para uma peça de teatro.

As orelhas do abade

Um sujeito bom caçador convidou o abade da sua freguesia para ir comer com ele duas perdizes guisadas e deu-as à mulher para as cozinhar. A mulher, raivosa por não contarem com ela, cozinhou as perdizes e comeu-as. Nisto, chega o abade muito contente e diz-lhe a mulher:

— Fuja, senhor abade, que o meu homem jurou que lhe havia de cortar as orelhas e isto das perdizes foi um pretexto para cá o pilhar.

O abade não quis ouvir mais e ele por aqui me sirvo.

Sublinha o que não perceberes e anota as questões que te surjam nas margens.

Eis que o marido chega e diz-lhe a mulher:

— O abade aí veio, viu as perdizes e, não querendo esperar mais tempo por ti, pegou nelas ambas e foi-se embora.

O homem vem à porta da rua e ainda avista o abade fugindo; começa de cá a gritar:

— Ó senhor abade! Pelo menos deixe-me uma.

— Nem uma, nem duas! — respondeu ele bem de longe.

3. Relaciona o vocabulário com as definições.

1 **sujeito**	a alcançar
2 **caçador**	b vê
3 **abade**	c pessoa
4 **freguesia**	d terem em conta
5 **perdizes**	e aves
6 **raivosa**	f o chefe de uma abadia
7 **contarem**	g introduzir algo/alguém
8 **pilhar**	h divisão administrativa
9 **eis**	i furiosa
10 **avista**	j aquele que caça

4. Foi a confusão que a mulher criou que tornou o conto popular engraçado. Em que consistiu a confusão?

____

____

____

____

5. « – Ó senhor abade! Pelo menos deixe-me <u>uma</u>. (...) – Nem <u>uma</u>, nem <u>duas</u>! – respondeu ele bem de longe.» A que se referem as palavras sublinhadas?

____

____

6. A partir da narração do conto popular, é possível imaginar a personalidade da mulher. Descreve-a psicologicamente, indicando seis características.

7. Reúne os teus amigos de leitura e, em dez minutos, preparem a dramatização do conto popular. Não precisam de decorar tudo e podem improvisar durante a atuação. Devem representar durante cinco a dez minutos.

8. Imagina que és um crítico de teatro. Escreve um pequeno artigo sobre uma das peças a que assististe, usando cerca de 100 palavras.

9. O conto popular que leste aborda alguns pecados mortais, tais como a gula e a inveja. No quadro seguinte encontras os sete pecados mortais e alguns tópicos. Deves escolher um dos pecados mortais e inventar uma história com os tópicos correspondentes, num texto de entre 100 a 130 palavras. Sê criativo!

Os sete pecados mortais

Avareza	Gula	Inveja	Ira
• uma sardinha • três amigos • um copo de água • rio	• setenta gelados de baunilha • a irmã • o irmão • chinelos azuis	• o colar • duas mulheres • o marido • a tartaruga	• o anzol • a criança • o adulto • o chupa-chupa

Luxúria	Vaidade	Preguiça
• o casaco de pele • as raposas • a manifestação • Faro	• prisão • o banqueiro • o mendigo • um cêntimo	• o comando da televisão • o homem • o papagaio • cair

Oficina 5

«O grilo e o leão»

Consiglieri Pedroso

Nível **B1** Duração aproximada: **120 minutos**

1. Provoca uma **tempestade de ideias** na tua mente e refere dez palavras relacionadas com o tema da luta pelo poder.

1. ____________
2. ____________
3. ____________
4. ____________
5. ____________
6. ____________
7. ____________
8. ____________
9. ____________
10. ____________

Numa tempestade de ideias deves escrever tudo o que te vem à cabeça sobre um determinado tema.

2. Escreve um texto com cerca de 100 palavras, no qual uses cinco palavras do exercício anterior. Não podes ser tu a escolher as palavras a usar, mas um amigo teu, que deve dizer cinco números, de 1 a 10. A tua função é procurar as palavras com os números correspondentes e usá-las. Sê criativo!

3. Lê o conto popular em voz alta com um amigo. Entre os dois, decidam quem lê o quê.

O grilo e o leão

Uma vez, o leão encontrou-se com o grilo, que estava na sua toca a cantar: «Rei, rei» (som imitativo). O leão disse-lhe:

— Ó compadre, então tu és rei?

— Sou, sim, sou o rei dos bichos com asas.

O leão, que também é rei dos animais, disse:

— Pois eu também sou rei, e se tu és rei e eu sou rei, como é que há de haver dois reis num país?

Sublinha o que não perceberes e anota as questões que te surjam nas margens.

4. Achas possível dois reis conviverem em harmonia no mesmo país? Porquê?

____

____

____

Responde o grilo:

— Pois tu prepara as tuas tropas, que eu te mostrarei o motivo por que sou rei.

O leão preparou logo um exército de gatos para ir ter com o grilo ao monte.

O grilo preparou um exército de mosquitos e deu uma coça nos gatos do leão.

O leão, visto que perdeu os gatos, preparou um exército de cães.

O grilo botou-lhe um exército de moscas, que derrotaram os cães.

Depois o leão preparou um exército de raposas para a batalha do grilo.

O grilo então soltou um exército de vespas amarelas e assim estragaram o exército das raposas, que só escapou uma, que se botou a nado a um regato de água.

O leão então preparou um exército de lobos e mandou-os para o monte batalhar com o grilo.

Os lobos, com as unhas, desenterravam os grilos, mas o que escapou, foi um só, mandou um exército de abelhões sobre os lobos e o grilo que tinha escapado sempre a clamar: «Rei, rei, rei».

Nisto, escapou um dos lobos e foi fugindo pela serra abaixo, procurando um lugar sombrio.

As vespas saltaram nele e foram-no perseguindo.

A raposa, que estava do outro lado do regato, começou a gritar para o lobo:

— À água, compadre, à água!

Nisto, o lobo deitou-se à água e afogou-se.

O leão, que se viu perdido em todas as batalhas que deu ao grilo, foi ter com ele para que lhe dissesse o motivo por que era rei.

O grilo respondeu-lhe:

— Tu, leão, não sabes que eu sou rei dos bichos, e tu rei dos animais, e Cupido rei dos amantes? São três cabeças reais.

E assim então é que o leão caiu na razão, sabendo que era rei dos animais, que até então não sabia.

5. Concordas com o final da história? Achas que valeu a pena todas aquelas batalhas para o leão chegar à conclusão de que é possível uma convivência pacífica entre vários reis num mesmo país? Justifica a tua opinião.

___

___

___

6. Relaciona as imagens com os nomes correspondentes.

a leão
b grilo
c gato
d raposa
e mosquito
f mosca
g cão
h vespa
i lobo
j abelhão

7. Das seguintes hipóteses, qual achas que foi o momento-chave do conto popular? Porquê?

- ☐ Quando o leão ouviu o grilo cantar «Rei, rei» e o questionou quanto à legitimidade daquela afirmação, tendo em conta que ele também era rei.
- ☐ Quando o leão e o grilo prepararam as suas tropas.
- ☐ Quando o leão se apercebeu de que era possível uma convivência pacífica entre vários reis no mesmo país.

____

____

8. A partir da narração do conto popular, é possível imaginar a personalidade do leão. Descreve-o psicologicamente através de antónimos.

____

____

9. Entrevista o rei grilo. Prepara três perguntas que consideres importante serem respondidas e, tendo em conta o conto popular que leste e as atitudes demonstradas pelo rei grilo, imagina as suas respostas.

Pergunta 1: ______________________________

Resposta 1: ______________________________

____

Pergunta 2: ______________________________

Resposta 2: ______________________________

____

Pergunta 3: ______________________________

Resposta 3: ______________________________

____

10. Transforma o ambiente num tribunal e encontra amigos para desempenharem os papéis de juiz, advogados, leão, grilo e público. Cada advogado deve justificar as ações cometidas pelo seu cliente (o leão ou o grilo) e o juiz e o público devem fazer juízos de valor sobre estas ações. Divirtam-se!

Oficina 6

«O feiticeiro»
Consiglieri Pedroso

Nível **B1** Duração aproximada: **120 minutos**

1. O conto popular que vais ler tem como título «O feiticeiro». Cria três perguntas que o mesmo te suscite e troca-as com as de um amigo. Devem ser capazes de as responder no final da leitura.

Pergunta 1: ______________________________?
Pergunta 2: ______________________________?
Pergunta 3: ______________________________?

2. Lê o conto popular individualmente e em silêncio.

O feiticeiro

Era um pai e quatro filhos.

Os dois mais velhos eram carvoeiros.

O terceiro foi correr o mundo: chegou a uma terra para servir e foi ter a uma casa.

O dono perguntou-lhe se ele sabia ler; ele disse-lhe que sim e o amo mandou-o embora e disse-lhe que não lhe servia.

3. Por que razão achas que isto aconteceu?

____

____

____

Sublinha o que não perceberes e anota as questões que te surjam nas margens.

O rapaz veio para casa e contou ao irmão mais novo.

Ele sabia muito bem ler, mas foi à tal terra procurar o mesmo amo.

4. O que pensas que vai acontecer a seguir?

____

____

Ele perguntou-lhe se ele sabia ler e o rapaz disse que não.

Depois ficou.

O amo era feiticeiro e tinha muitos livros debaixo da cama.

O rapaz começou a lê-los e, quando o ajuste do amo estava quase a acabar, fugiu e levou consigo o livro melhor que encontrou.

Em casa não fazia senão estudar.

Os irmãos, que ganhavam muito dinheiro, não queriam repartir com ele.

O rapaz, quando se viu pronto, fez-se num galgo e pediu ao pai que o levasse a uma feira para o vender, mas que não vendesse a coleira que ele levava.

O pai assim fez.

Vendeu-o por muito dinheiro e o galgo depois fugiu dos homens que o tinham comprado e fez-se outra vez em gente e veio ter com o pai.

Quando o dinheiro se acabou, o rapaz fez-se num cavalo e disse ao pai que não vendesse o freio, que era nele que estava a virtude.

O pai assim fez. Mas como lhe deram muito dinheiro pelo freio, vendeu-o também.

5. Dá a tua opinião sobre o que acabou de acontecer.

____

____

Um dos homens que o tinha comprado era o feiticeiro, que sabia que o rapaz havia de ir lá feito em cavalo, e foi ele quem quis comprar o freio.

O feiticeiro não lho queria tirar, mas um dos companheiros, quando chegou à estalagem, e enquanto apanhou o feiticeiro entretido, tirou o freio ao cavalo para lhe dar de comer.

O cavalo mal se viu sem o freio fez-se logo numa rã e atirou-se a um regato de água; o feiticeiro fez-se num peixe para ir comer a rã; a rã fez-se num passarinho e subiu ao ar; o feiticeiro fez-se num gafanhoto (milhano) para comer o passarinho; o passarinho foi para o beiral de um telhado e fez-se num anel que se enfiou no dedo de uma menina que estava à janela.

O gafanhoto fez-se num homem e pediu à menina para lhe vender o anel, que lhe dava muito dinheiro.

A menina ia a dar o anel ao feiticeiro, mas ele caiu-lhe no chão e fez-se em milho; o feiticeiro formou-se numa galinha para comer o milho; o milho depois formou-se numa raposa e comeu a galinha, que era o feiticeiro.

E assim o rapaz venceu e ficou com toda a riqueza do feiticeiro e veio para casa do pai.

6. Responde às perguntas que trocaste com o teu amigo. São coerentes com a história do conto popular?

Resposta 1: ____.
Resposta 2: ____.
Resposta 3: ____.

7. Identifica as personagens principais e as personagens secundárias.

1. **pai**
2. **filhos mais velhos (carvoeiros)**
3. **terceiro filho**
4. **filho mais novo**
5. **feiticeiro**
6. **companheiro do feiticeiro**
7. **menina**

a) personagem principal
b) personagem secundária

8. Assinala com um **X** os sítios onde se desenrolou o conto popular.

☐ casa do feiticeiro	☐ estalagem	☐ regato de água
☐ feira	☐ casa da menina	☐ ar
☐ casa do pai e dos filhos	☐ bosque	☐ casa do companheiro do feiticeiro

9. De acordo com o conto popular, ordena as imagens (de 1 a 9) pela sequência correta.

10. *E se...* o feiticeiro perdesse os seus poderes mágicos e acordasse na estação de comboios da tua cidade? O que farias? Escreve um texto de entre 100 a 130 palavras.

11. A menina estava à janela a escrever um poema sobre os quatro elementos da Natureza: a água, a terra, o fogo e o ar. Escreve um poema com quatro quadras (uma estrofe com quatro versos): uma para cada elemento. Faz rima no segundo e quarto versos.

Os quatro elementos da Natureza

Água

Estrofe

Terra

1.º verso
2.º verso
3.º verso
4.º verso

Fogo

Ar

12. Recita o teu poema aos teus amigos e, juntos, criem um pequeno livro de poesia sobre os quatro elementos da Natureza.

Oficina 7

«Comadre morte»
Adolfo Coelho

Nível **B1** Duração aproximada: **120 minutos**

1. Joga ao *Jogo do Stop* com os teus amigos sobre vocabulário de saúde (Anexo 2).

Regras:
- Em primeiro lugar, um jogador diz em voz alta a letra «A» e continua a dizer, mentalmente e em silêncio, o resto do alfabeto até alguém dizer «stop»;
- Em segundo lugar, diz a letra do alfabeto em que parou quando ouviu dizer «stop», por exemplo a letra «C»;
- Em terceiro lugar, todos começam a preencher as colunas com palavras começadas pela letra «C»;
- Em quarto lugar, quem concluir o preenchimento das colunas em primeiro lugar diz «stop» e os restantes têm de parar;

Nota: Pontuação: 0 – para quem deixou a coluna em branco; 5 – para palavras repetidas entre os jogadores, numa mesma coluna; 10 – para palavras diferentes entre os jogadores, numa mesma coluna; 20 – quando o jogador foi o único a preencher determinada coluna.

2. Lê o conto popular em voz alta com mais dois amigos: um lê a introdução, outro o desenvolvimento e outro a conclusão.

Comadre morte

Havia um homem que tinha tantos filhos, tantos, que não havia ninguém na freguesia que não fosse compadre dele, e vai a mulher teve mais um filho. Que havia de o homem fazer? Foi por esses caminhos fora a ver se encontrava alguém que convidasse para compadre. Encontrou um pobrezito e perguntou-lhe se queria ser compadre dele.

— Quero; mas tu sabes quem eu sou?

— Eu sei lá; o que eu quero é alguém para padrinho do meu filho.

— Pois, olha, eu cá sou Deus.

— Já me não serves; porque tu dás a riqueza a uns e a pobreza a outros.

Foi mais adiante; e encontrou uma pobre e perguntou-lhe se queria ser comadre dele.

— Quero; mas sabes tu quem eu sou?

— Não sei.

— Pois, olha, eu cá sou a Morte.

— És tu que me serves, porque tratas a todos por igual.

Fez-se o batizado e depois disse a Morte ao homem:

— Já que tu me escolheste para comadre, quero-te fazer rico. Tu fazes de médico e vais por essas terras curar doentes; tu entras e se vires que eu estou à cabeceira é sinal de que o doente não escapa e escusas de lhe dar remédio; mas se estiver aos pés é porque escapa; mas livra-te de querer curar aqueles a que eu estiver à cabeceira, porque te dou cabo da pele.

Assim foi. O homem ia às casas e se via a comadre à cabeceira dos doentes abanava as orelhas; mas se ela estava aos pés receitava o que lhe parecia. Vejam lá se ele não havia de ganhar fama e patacaria, que era uma coisa por maior! Mas, uma vez, foi a casa dum doente muito rico e a Morte estava à cabeceira; abanou as orelhas; disseram-lhe que lhe davam tantos contos de réis se o livrasse da Morte e ele disse:

— Deixa estar que eu te arranjo, e pega no doente e muda-o com a cabeça para onde estavam os pés e ele escapa.

Quando ia para casa, sai-lhe a comadre ao caminho:

— Venho buscar-te por aquela traição que me fizeste.

— Pois, então, deixa-me rezar um padre-nosso antes de morrer.

— Pois reza.

Mas ele rezar; qual rezou! Não rezou nada e a Morte, para não faltar à palavra, foi-se sem ele.

Um dia, o homem encontra a comadre, que estava por morta num caminho; e ele lembrou-se do bem que ela lhe tinha feito e disse:

— Minha rica comadrinha, que estás aqui morta; deixa-me rezar-te um padre-nosso pela tua alma.

Depois de acabar, a Morte levantou-se e disse:

— Pois já que rezaste o padre-nosso, vem comigo.

O homem era esperto; mas a Morte ainda era mais; pois não era?

Sublinha o que não perceberes e anota as questões que te surjam nas margens.

3. Responde à última pergunta do conto popular, justificando a tua opinião com excertos do mesmo.

____

____

____

4. Relaciona o vocabulário com as definições.

1 **compadre**	a oração
2 **comadre**	b orar
3 **batizado**	c ato de batizar
4 **rezar**	d a «madrinha» do/a filho/a
5 **padre-nosso**	e o «padrinho» do/a filho/a

5. Neste conto popular, Deus é retratado como homem, pobre, tratando as pessoas de forma desigual, enquanto a Morte é retratada como mulher, também pobre, mas tratando as pessoas de forma igual. Num texto de entre 100 a 130 palavras, comenta estes retratos, dando a tua opinião de forma justificada e acrescentando exemplos pessoais quando necessário.

6. Por se sentir lisonjeada (honrada) com o convite feito pelo homem, a Morte decidiu torná-lo rico. Este começou a ganhar muito dinheiro e tornou-se ganancioso, traindo-a por mais dinheiro. Esta, então, castigou-o pela traição, matando-o. Escreve uma carta a um amigo, com 130 a 150 palavras, na qual comentes a situação aqui referida, relacionando-a com o provérbio popular português «amigos, amigos, negócios à parte».

Data: ____________

Local: ____________

Saudação: ____________________

____
____
____
____
____
____
____
____
____
____
____
____
____
____

Despedida: ____________________

7. A partir da narração do conto popular, é possível imaginares as personalidades do homem e da Morte. Caracteriza-os psicologicamente, indicando cinco características opostas.

Não mantém a palavra.	≠	Mantém a palavra.
____________	≠	____________
____________	≠	____________
____________	≠	____________
____________	≠	____________
____________	≠	____________

Oficina 8

«O saco das nozes»

Teófilo Braga

Nível **B1** Duração aproximada: **120 minutos**

1. A partir do título do conto popular, elabora um acróstico antevendo imaginativamente a sua história.

O____________________________
S____________________________
A____________________________
C____________________________
O____________________________
D____________________________
A____________________________
S____________________________

N____________________________
O____________________________
Z____________________________
E____________________________
S____________________________

2. Lê o conto popular individualmente e em silêncio.

O saco das nozes

O abade de uma freguesia costumava fazer a sua prática aos domingos e repreendia os costumes do povo conforme lhe dava jeito. De uma vez, disse:

— Eu sei que cá na freguesia anda o costume de obedecerem os homens às mulheres, o que é contra os mandatos da escritura, e, como diz o outro, vivem como em casa de Gonçalo, onde pode mais a galinha do que o galo. Ora eu tive este ano muitas nozes no passal e aqui declaro que dou um saco cheio delas ao homem que me mostrar que não anda ao dedo da mulher. Depois da missa, quem se achar em sua consciência sem este mau costume pode ir ao passal buscar as nozes.

3. Explica por palavras tuas a fala anterior.

Sublinha o que não perceberes e anota as questões que te surjam nas margens.

Estava na igreja um homem casado, que era muito ralhão, e que tratava a mulher de mau modo, e em casa ninguém abria bico diante dele; disse para um que estava à sua beira:

— Nozes, já eu tenho, e é que ninguém mas tira; pelo menos ninguém cá da freguesia mas tira.

Chegado o fim da missa, apresentou-se em casa do abade:

— Aqui estou, senhor meu; não há aí ninguém pela freguesia que seja capaz de dizer que a minha casa é como a de Gonçalo.

— Eu bem sei o teu viver. E pelo que me têm dito, levas as nozes. Anda cá encher o saco.

4. Dá a tua opinião, num texto de entre 50 a 70 palavras, sobre o facto de o abade estar a recompensar o homem com um saco de nozes por este maltratar a mulher.

O homem entrou e puxou de um saco meão; diz-lhe o abade:

— Ó homem, tu não tinhas lá outro saco maior do que isso?

— Tinha, sim senhor.

— Então, porque não trouxeste um saco bem grande?

— Ó senhor, eu trazia; mas lá a companheira começou a dizer que era vergonha, teimou que trouxesse um mais maneirinho...

— Ah, grande tratante! Despeja-me já essas nozes, que não levas daqui nada. Anda, tudo, tudo e põe-te já no olho da rua.

O homem foi-se arrepelando por lhe ter fugido a língua para a verdade.

5. Por que razão o homem não levou consigo as nozes?

____

____

6. Atribui um título alternativo ao conto popular. Justifica a tua escolha.

____

____

7. O que significa a expressão «pôr-se no olho da rua»?

- ☐ Sair livremente de um sítio para a rua.
- ☐ Ser expulso ou forçado a sair de um sítio para a rua.

8. O que significa a expressão «ter fugido a língua para a verdade»?

- ☐ Mentir sem intenção de o fazer.
- ☐ Dizer a verdade sem intenção de o fazer.

9. Sintetiza o conto popular de modo a caber dentro desta noz.

10. Que parte do conto popular achaste mais divertida? E mais aborrecida?

____

____

____

____

11. Num texto de entre 130 a 150 palavras, prossegue o conto popular e imagina o que aconteceu quando o homem chegou a casa com o saco vazio e viu a mulher à sua espera com o rolo da massa nas mãos.

____
____
____
____
____
____
____
____
____
____
____
____
____
____

12. Reconta oralmente a tua continuação da história aos teus amigos e ouve a deles também.

13. Façam curtas-metragens (filmes com menos de 30 minutos) das vossas histórias e divulguem-nas aos vossos amigos numa maratona de cinema português.

14. Escreve um postal aos teus amigos, convidando-os para essa maratona.

Saudação: ____________________

____
____
____
____
____

Despedida: ____________________

Destinatário (nome e morada):

____
____
____
____

Oficina 9

«Frei João Sem Cuidados»
Teófilo Braga

Nível **B1** Duração aproximada: **120 minutos**

1. O conto popular que vais ler tem como base uma adivinha. Decifra as seguintes charadas.

1. FELIZ + 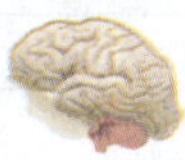 = ________
2.  – OS + EIRO = ________
3. TRÁS-OS +  = ________
4. ARCO + ________ = 
5.  +  = ________
6.  – ________ = 

2. Relaciona os cúmulos com as respostas corretas.

1 Cúmulo da estupidez	a Ser atropelado por uma ambulância.
2 Cúmulo do absurdo	b Não vou contar.
3 Cúmulo do egoísmo	c O cego dizer ao surdo que viu o aleijado a correr.
4 Cúmulo da amnésia	d É… esqueci-me.
5 Cúmulo da sorte	e Assinar cartas anónimas.

3. Joga ao *Glorivinhas* (Anexo 3).

- Materiais: um dado para lançares quando for a tua vez, de modo a saberes para que casa deves ir, e um peão por cada jogador;
- Regras:
  - Em primeiro lugar, lança o dado para saberes para que casa deves ir; depois, anda esse número de casas com o teu peão e deixa-o na última casa;
  - Em segundo lugar, lê a casa em que calhaste e responde acertadamente ao que te é perguntado;

Nota: por cada resposta errada, ficas uma vez sem jogar; ganha o jogador que chegar à meta em primeiro lugar.

4. Lê o conto popular em voz alta para os teus amigos ouvirem.

Frei João Sem Cuidados

O rei ouvia sempre falar em Frei João Sem Cuidados como um homem que não se afligia com coisa nenhuma deste mundo:

— Deixa-te estar, que eu é que te hei de meter em trabalhos.

5. O que achas que o rei vai fazer?

____

____

____

Sublinha o que não perceberes e anota as questões que te surjam nas margens.

Mandou-o chamar à sua presença e disse-lhe:

— Vou dar-te uma adivinha e, se dentro em três dias me não souberes responder, mando-te matar. Quero que me digas:

Quanto pesa a lua?

Quanta água tem o mar?

O que é que eu penso?

6. Responde à adivinha e compara a tua resposta com a dos teus amigos.

____

____

Frei João Sem Cuidados saiu do palácio bastante atrapalhado, pensando na resposta que havia de dar àquelas perguntas. O seu moleiro encontrou-o no caminho e lá estranhou de ver Frei João Sem Cuidados de cabeça baixa e macambúzio.

— Olá, senhor Frei João Sem Cuidados, então o que é isso, que o vejo tão triste?

— É que o rei disse-me que me mandava matar se dentro em três dias eu lhe não respondesse a estas perguntas: Quanto pesa a lua? Quanta água tem o mar? E o que é que ele pensa?

O moleiro pôs-se a rir e disse-lhe que não tivesse cuidado, que lhe emprestasse o hábito de frade, que ele iria disfarçado e havia de dar boas respostas ao rei.

Passados os três dias, o moleiro, vestido de frade, foi pedir audiência ao rei. O rei perguntou-lhe:

— Então, quanto pesa a lua?

— Saberá Vossa Majestade que não pode pesar mais de um arrátel, porque todos dizem que ela tem quatro quartos.

— É verdade. E agora: Quanta água tem o mar?

Respondeu o moleiro:

— Isso é muito fácil de saber; mas como Vossa Majestade só quis saber da água do mar, é preciso que primeiro mande tapar todos os rios, porque sem isso nada feito.

O rei achou bem respondido; mas zangado por ver que Frei João se escapava das dificuldades, tornou:

— Agora, se não souberes o que é que eu penso, mando-te matar!

O moleiro respondeu:

— Ora, Vossa Majestade pensa que está falando com Frei João Sem Cuidados e está mas é falando com o seu moleiro.

Deixou cair o hábito de frade e o rei ficou pasmado com a esperteza do ladino.

7. Continua o conto popular em conjunto com os teus amigos.

- Materiais: papel, caneta e boné/saco;
- Regras:
  - Em primeiro lugar, cada um deve escrever uma frase num pedaço de papel sem que os outros vejam, usando expressões como «assim», «(e) depois», «entretanto», «finalmente», entre outras que conheçam, de modo a dar uma ideia de sequência;
  - Em segundo lugar, devem dobrar os papéis e colocá-los num boné ou num saco;
  - Em terceiro lugar, um de vocês deve tirar e ler, um a um, os papéis;
  - Finalmente, já têm a sequência da vossa história estabelecida.

P.S.: Não se preocupem se não fizer muito sentido; certamente, é criativa!

8. *E se*... tu fosses o rei? Que adivinha colocarias a Frei João Sem Cuidados? Escreve um texto, de entre 50 a 70 palavras, no qual apresentes a tua adivinha, a resposta e a razão para a tua escolha.

9. Imagina, num texto de entre 130 a 150 palavras, o que Frei João Sem Cuidados fez enquanto o moleiro esteve a falar com o rei. Deves incluir as seguintes palavras:

papoilas	**vinagre**	**banco**	**dedo**	**papel**	**telemóvel**

Oficina 10

«O burro do azeiteiro»

Adolfo Coelho

Nível **B1** Duração aproximada: **120 minutos**

1. Relaciona as expressões idiomáticas com a sua interpretação.

1 **Quem não te conhece que te compre**	**a** Dizer algo que não devia ser dito
2 **Dar com a língua nos dentes**	**b** Ir chatear outro
3 **Engolir sapos**	**c** Estar desconfiado
4 **Estar com a pulga atrás da orelha**	**d** Iludir quem não o conhece
5 **Mandar pentear macacos**	**e** Aceitar uma injustiça sem reagir

2. A partir das palavras-chave apresentadas abaixo, imagina a história do conto popular que vais ler. Escreve um texto com cerca de 100 palavras.

estudantes **burro** **roubar** **feitiço**

3. Reúne alguns amigos e dividam-se pela metade para realizarem um debate. Uma metade deve defender o provérbio popular português «mais vale pedir do que roubar», enquanto a outra metade deve defender o seguinte: «a homem pobre ninguém roubou».

4. Lê o conto popular individualmente e em silêncio.

O burro do azeiteiro

Dois estudantes encontraram numa estrada um azeiteiro que ia guiando um burro carregado de bilhas de azeite. Os estudantes, que estavam sem dinheiro, ficaram muito contentes com aquele encontro e combinaram furtar o burro do azeiteiro para o venderem; e enquanto o pobre homem seguia o seu caminho muito sossegado da sua vida, levando pela mão a arreata do jumento, um deles tirou a cabeçada do burro e colocou-a no pescoço e o outro escapou-se com o burro e a carga. O que ficou em lugar do animal parou, fazendo com que o azeiteiro olhasse para trás. Qual não foi, porém, o espanto deste vendo um homem em vez do burro!...

Sublinha o que não perceberes e anota as questões que te surjam nas margens.

5. O que achas que vai acontecer a seguir?

____

____

O estudante disse para ele com voz muito terna:

— Ah! Senhor, quanto lhe agradeço ter-me dado uma pancada na moleirinha! Quebrou-me o encanto que durante tantos anos me fez jazer burro!...

O azeiteiro, tirando o chapéu, disse-lhe muito humildemente:

— Perdi no senhor, como burro, o meu ganha-pão; mas paciência! Como homem que agora é, peço-lhe muitos perdões... por tê-lo maltratado tanta vez; mas que quer?... O senhor fazia-me às vezes desesperar com as suas birras e eu não era senhor de mim!

— Está perdoado, bom homem! — disse o estudante. — O que lhe peço é que me deixe em paz.

O pobre azeiteiro, quando se viu só, lamentou-se da sua desgraça e foi pedir dinheiro a um compadre para ir no dia seguinte à feira comprar outro burro. Quando chegou à feira, viu lá o jumento que lhe tinha pertencido e que o estudante, que ele não vira quando lho roubaram, estava a vender.

6. O que pensas que o azeiteiro fez?

O azeiteiro, julgando que o homem-burro se tinha transformado outra vez no seu burro, chegou-se ao pé do estudante e pediu-lhe licença para dizer um segredo ao burro. O estudante disse-lhe que sim e o azeiteiro, chegando a boca à orelha do animal, gritou com toda a força:

— Olhe, senhor burro, quem o não conhecer que o compre.

7. Explica o significado daquilo que o azeiteiro disse ao burro.

8. Reconta o conto popular, do ponto de vista do burro, num texto de entre 100 a 130 palavras.

9. *E se*... o azeiteiro descobrisse que os estudantes o tinham enganado? Escreve um texto, de entre 130 a 150 palavras, relatando o que sucederia e relacionando a peripécia com o provérbio popular português «onde está o ladrão, está o roubo».

10. Joga ao *Jogo da Forca* com os teus amigos a partir do vocabulário do conto popular.

Regras: um de vocês pensa numa palavra do conto popular e traça, debaixo da forca, um risco (_) para cada letra dessa palavra; os restantes devem adivinhar essa palavra, dizendo uma letra do alfabeto de cada vez; se a letra estiver correta, escreve-se a mesma no risco correspondente, se não, começa-se a desenhar o corpo de um boneco enforcado (primeiro a cabeça, depois o tronco, até chegar aos pés); ganha quem acertar a palavra antes de ter o corpo todo desenhado.

Parte II
(continuação)

Oficinas de Leitura Recreativa e de Escrita Criativa

B2

Oficina 1 – «Dom Caio», Teófilo Braga
Oficina 2 – «O príncipe com orelhas de burro», Adolfo Coelho
Oficina 3 – «A menina e o figo», Adolfo Coelho
Oficina 4 – «O caldo de pedra», Teófilo Braga
Oficina 5 – «A Senhora da Graça», Adolfo Coelho
Oficina 6 – «As tias», Consiglieri Pedroso
Oficina 7 – «O cego e o mealheiro», Teófilo Braga
Oficina 8 – «A velha e os lobos», Adolfo Coelho
Oficina 9 – «O conde de Paris», Adolfo Coelho
Oficina 10 – «As crianças abandonadas», Teófilo Braga

Oficina 1

«Dom Caio»
Teófilo Braga

Nível **B2** Duração aproximada: **120 minutos**

1. Provoca uma **tempestade de ideias** na tua mente sobre o tema da coragem e o tema da cobardia.

Numa tempestade de ideias deves escrever tudo o que te vem à cabeça sobre um determinado tema.

Coragem

1 ______
2 ______
3 ______
4 ______
5 ______

Cobardia

1 ______
2 ______
3 ______
4 ______
5 ______

2. Escreve um texto, de entre 50 a 70 palavras, no qual apresentes as semelhanças e as diferenças entre a coragem e a cobardia e as relaciones com o provérbio popular português «quem quer fazer algo, encontra um meio; quem não quer fazer nada, encontra uma desculpa.»

3. Lê o conto popular com dois amigos. Entre todos, decidam quem faz de narrador, quem faz de alfaiate e quem faz de rei.

Dom Caio

Era um alfaiate muito poltrão, que estava trabalhando à porta da rua; como ele tinha medo de tudo, o seu gosto era fingir de valente. Vai de uma vez, viu muitas moscas juntas e de uma pancada matou sete. Daqui em diante não fazia senão gabar-se:

— Eu cá mato sete de uma vez!

Ora, o rei andava muito aparvalhado, porque lhe tinha morrido na guerra o seu general Dom Caio, que era o maior valente que havia, e as tropas do inimigo já vinham contra ele, porque sabiam que não tinha quem mandasse a combatê-las. Os que ouviram o alfaiate andar a dizer por toda a parte «Eu cá mato sete de uma vez!» foram logo metê-lo no bico ao rei, que se lembrou de que quem era assim tão valente seria capaz de ocupar o posto de Dom Caio. Veio o alfaiate à presença do rei, que lhe perguntou:

Sublinha o que não perceberes e anota as questões que te surjam nas margens.

— É verdade que matas sete de uma vez?

— Saberá Vossa Majestade que sim.

— Então, nesse caso, vais comandar as minhas tropas e atacar os inimigos que já me estão cercando.

4. Qual achas que foi a resposta do alfaiate?

___

Mandou vir o fardamento de Dom Caio e fê-lo vestir ao alfaiate, que era muito baixinho e que ficou com o chapéu de bicos enterrado até às orelhas; depois disse que trouxessem o cavalo branco de Dom Caio para o alfaiate montar. Ajudaram-no a subir para o cavalo e ele já estava a tremer como varas verdes; assim que o cavalo sentiu as esporas, botou à desfilada, e o alfaiate a gritar:

— Eu caio, eu caio!

Todos os que o ouviam por onde ele passava, diziam:

— Ele agora diz que é o Dom Caio; já temos homem.

O cavalo, que andava costumado às escaramuças, correu para o sítio em que andava a guerreia e o alfaiate, com medo de cair, ia agarrado às clinas a gritar como desesperado:

— Eu caio, eu caio!

5. Quem é que pensas que vai vencer a batalha? Porquê?

____

____

O inimigo, assim que viu vir o cavalo branco do general valente e ouviu o grito «Eu caio, eu caio!», conheceu o perigo em que estava e disseram os soldados uns para os outros:

— Estamos perdidos, que lá vem o Dom Caio; lá vem o Dom Caio.

E botaram a fugir em debandada; os soldados do rei foram-lhe no encalço e mataram neles e o alfaiate ganhou assim a batalha só em agarrar-se ao pescoço do cavalo e em gritar «Eu caio». O rei ficou muito contente com ele e, em paga da vitória, deu-lhe a princesa em casamento, e ninguém fazia senão louvar o sucessor de Dom Caio pela sua coragem.

6. Procura no conto popular os sinónimos das seguintes palavras.

corajoso	medroso	disfarçar	combate
________	________	________	________

7. «É verdade que matas <u>sete</u> de uma vez?» Em que é que o rei e o alfaiate estavam a pensar quando se referiram a este número? Na mesma coisa ou em coisas diferentes?

____

____

8. «Eu caio, eu caio!» «Ele agora diz que é Dom Caio; já temos homem.» Explica aquilo que o alfaiate pretendia dizer e o que a população entendeu.

____

____

____

9. «Estamos perdidos, que lá vem o Dom Caio; lá vem o Dom Caio.» Explica o que aconteceu.

____

____

10. A partir da narração do conto popular, é possível imaginares as personalidades de Dom Caio e do alfaiate. Num acróstico com os seus nomes, descreve-os psicologicamente através de antónimos.

A______________	D______________
L______________	O______________
F______________	M______________
A______________	C______________
I______________	A______________
A______________	I______________
T______________	O______________
E______________	

11. «(…) e o alfaiate ganhou assim a batalha só em agarrar-se ao pescoço do cavalo e em gritar "Eu caio".» Escreve uma carta a um amigo, resumindo o conto popular, dando a tua opinião sobre o mesmo e comentando este excerto. Usa entre 130 a 150 palavras.

Oficina 2

«O príncipe com orelhas de burro»
Adolfo Coelho

Nível **B2**

Duração aproximada: **120 minutos**

1. Reúne-te com alguns amigos para debaterem o tema dos segredos. Analisem as seguintes questões:
- É bom ou mau ter segredos?
- Qual a importância de saber guardar segredos?
- Os segredos aproximam ou afastam as pessoas?

1.1. Pensa em mais três questões relacionadas com o tema e introdu--las no debate.

Pergunta 1: ____?
Pergunta 2: ____?
Pergunta 3: ____?

2. *E se...* o maior segredo do mundo estivesse em risco de ser descoberto e tu fosses o único a poder impedi-lo? Num texto de entre 130 a 150 palavras, descreve de que se tratava o segredo, quais as consequências de ser descoberto e o que farias para impedir a sua revelação.

____
____
____
____
____
____
____
____
____
____
____
____
____

3. Lê o conto popular individualmente e em silêncio.

O príncipe com orelhas de burro

Era uma vez um rei que vivia muito triste por não ter filhos e mandou chamar três fadas para que fizessem com que a rainha lhe desse um filho. As fadas prometeram-lhe que os seus desejos seriam satisfeitos e que elas viriam assistir ao nascimento do príncipe. Ao fim de nove meses, deu a rainha à luz um filho e as três fadas fadaram o menino. A primeira fada disse:

— Eu te fado para que sejas o príncipe mais formoso do mundo.

A segunda fada disse:

— Eu te fado para que sejas muito virtuoso e entendido.

A terceira fada disse:

— Eu te fado para que te nasçam umas orelhas de burro.

Foram-se as três fadas e logo apareceram ao príncipe as orelhas de burro. O rei mandou sem demora fazer um barrete que o príncipe devia sempre usar para lhe cobrir as orelhas. Crescia o príncipe em formosura e ninguém na corte sabia que ele tinha as tais orelhas de burro.

Sublinha o que não perceberes e anota as questões que te surjam nas margens.

4. Imagina uma utilidade para as orelhas de burro.

____

____

Chegou a idade em que ele tinha de fazer a barba e, então, o rei mandou chamar o seu barbeiro e disse-lhe:

— Farás a barba ao príncipe, mas se disseres a alguém que ele tem orelhas de burro, morrerás.

Andava o barbeiro com grandes desejos de contar o que vira, mas, com receio de que o rei o mandasse matar, calava consigo. Um dia foi-se confessar e disse ao padre:

— Eu tenho um segredo que me mandaram guardar, mas eu se não o digo a alguém morro e se o digo o rei manda-me matar; diga, padre, o que hei de fazer.

5. O que achas que o padre sugeriu?

Responde-lhe o padre que fosse a um vale, que fizesse uma cova na terra e que dissesse o segredo tantas vezes até ficar aliviado desse peso e que depois tapasse a cova com terra. O barbeiro assim fez; e, depois de ter tapado a cova, voltou para casa muito descansado.

Passado algum tempo, nasceu um canavial onde o barbeiro tinha feito a cova. Os pastores, quando ali passavam com os seus rebanhos, cortavam canas para fazer gaitas, mas quando tocavam nelas saíam umas vozes que diziam: «Príncipe com orelhas de burro». Começou a espalhar-se esta notícia pela cidade e o rei mandou vir à sua presença um dos pastores para que tocasse na gaita; e saíam sempre as mesmas vozes que diziam: «Príncipe com orelhas de burro». O próprio rei também tocou e sempre ouvia as vozes. Então, o rei mandou chamar as fadas e pediu-lhes que tirassem as orelhas de burro ao príncipe. Então, elas mandaram reunir a corte toda e ordenaram ao príncipe que tirasse o barrete; mas qual não foi o contentamento do rei, da rainha e do príncipe ao ver que já lá não estavam as tais orelhas de burro! Desde esse dia, as gaitas que os pastores faziam das canas do tal canavial deixaram de dizer: «Príncipe com orelhas de burro».

6. Atribui um título alternativo ao conto popular. Justifica a tua escolha.

7. Reconta o conto popular, num texto de entre 70 a 100 palavras, do ponto de vista de uma das gaitas originadas do canavial.

8. Constrói um teatro de sombras sobre o conto popular.

- Materiais: cartolina, caneta, tesoura e lanterna;
- Regras:
  - Primeiro, desenha as personagens na cartolina e recorta-as;
  - Depois, liga a lanterna e aponta-a para uma parede ou superfície plana;
  - Finalmente, move as personagens à frente da lanterna – narrando o conto popular –, de modo que a sua sombra seja refletida na parede.

9. Cria um *slogan* (frase curta e apelativa muito usada em publicidade) que atraia a atenção dos teus amigos para a leitura do conto popular e os instigue a ir assistir ao teu teatro de sombras.

____

10. Escreve um *e-mail* a um produtor cinematográfico, explicando por que razão este conto popular português daria um ótimo filme. Usa entre 100 a 130 palavras.

De: ______________________________
Para: ______________________________
Assunto: ______________________________

____
____
____
____
____
____
____
____
____
____
____
____
____
____

Oficina 3

«A menina e o figo»
Adolfo Coelho

Nível **B2** Duração aproximada: **120 minutos**

1. A partir das palavras-chave apresentadas abaixo, imagina a história do conto popular que vais ler.

figo **passarinho** **madrasta** **menina** **enterrar** **roseira** **rosa**

____
____
____

2. Relaciona as imagens das seguintes flores com os respetivos nomes.

a) jacinto
b) lírio
c) margarida

3. Lê o conto popular individualmente e em silêncio.

A menina e o figo

Uma madrasta tinha uma enteada muito linda e com uns cabelinhos muito loiros; e costumava mandá-la para o quintal guardar um figo que tinha na figueira, recomendando-lhe que não o deixasse comer pelos pássaros, pois, se tal sucedesse, a matava. Um dia, que a menina estava descuidada, veio um passarinho e levou o figo no bico.

4. O que achas que a menina fez?

____

____

A menina chorou e tornou a chorar, mas a madrasta não se comoveu e enterrou a menina no quintal. Passado tempo, nasceu uma roseira-de-toucar na sepultura da menina. Ora, a mestra que tinha ensinado a menina a ler, notando a falta dela, foi um dia a casa da madrasta e perguntou o que era feito da menina.

Sublinha o que não perceberes e anota as questões que te surjam nas margens.

5. O que pensas que a madrasta disse?

____

____

A madrasta respondeu que não sabia e mandou-a passear para o quintal com as outras meninas. Uma das meninas, vendo a roseira, arrancou uma rosa e ouviu vozes que diziam:

«Não me arranques o meu cabelo,
Que minha mãe mo criou,
Meu pai mo penteou,
Minha madrasta me enterrou,
Pelo figo da figueira,
Que o passarinho levou.»

A mestra foi logo dar parte disto à justiça e esta mandou cavar a terra e encontrou a menina ainda viva. Mandou prender a madrasta e a menina foi para a companhia da mestra e veio a ser muito feliz.

6. Identifica as personagens principais e as personagens secundárias.

1 **madrasta**
2 **menina**
3 **mestra**
4 **meninas**

a personagem principal

b personagem secundária

7. Indica o momento-chave do conto popular. Justifica a tua opinião.

8. A partir do conto popular, não é possível saber como é o jardim da menina. Imagina-o e descreve-o num texto de entre 50 a 70 palavras.

9. Comenta aquilo que mais te intrigou, desgostou ou fascinou no conto popular que leste, transcrevendo trechos que justifiquem a tua opinião. Escreve entre 100 a 130 palavras.

10. Elabora um poema que sintetize o conto popular, usando as palavras que saíram da roseira.

não **arrancar** **cabelo** **mãe** **criar** **pai** **pentear**
madrasta **enterrar** **figo** **figueira** **passarinho** **levar**

11. Recita o teu poema aos teus amigos e ouve o deles também.

12. Juntos, criem um pequeno livro de poesia, com a forma de uma rosa-de-toucar, no qual incluam os vossos poemas e o conto popular português que lhes deu origem.

13. Organizem uma declamação de poesia portuguesa, na qual divulguem grandes poetas portugueses, como Eugénio de Andrade, Florbela Espanca, Alexandre O'Neill ou Sophia de Mello Breyner Andresen. Não deixem de divulgar a vossa própria poesia em português.

Oficina 4

«O caldo de pedra»
Teófilo Braga

Nível **B2** Duração aproximada: **120 minutos**

1. Descreve a seguinte imagem e antevê a história do conto popular que vais ler, num texto de entre 100 a 130 palavras.

2. Lê o conto popular em voz alta com mais dois amigos: um lê a introdução, outro lê o desenvolvimento e outro lê a conclusão.

O caldo de pedra

Sublinha o que não perceberes e anota as questões que te surjam nas margens.

Um frade andava ao peditório; chegou à porta de um lavrador, mas não lhe quiseram aí dar nada. O frade estava a cair com fome e disse:

— Vou ver se faço um caldinho de pedra.

E pegou numa pedra do chão, sacudiu-lhe a terra e pôs-se a olhar para ela para ver se era boa para fazer um caldo. A gente da casa pôs-se a rir do frade e daquela lembrança. Diz o frade:

— Então nunca comeram caldo de pedra? Só lhes digo que é uma coisa muito boa.

Responderam-lhe:

— Sempre queremos ver isso.

Foi o que o frade quis ouvir. Depois de ter lavado a pedra, disse:

— Se me emprestassem aí um pucarinho?

Deram-lhe uma panela de barro. Ele encheu-a de água e deitou-lhe a pedra dentro.

— Agora se me deixassem estar a panelinha aí ao pé das brasas?

Deixaram. Assim que a panela começou a chiar, disse ele:

— Com um bocadinho de unto é que o caldo ficava de primor.

Foram-lhe buscar um pedaço de unto. Ferveu, ferveu, e a gente da casa pasmada com o que via. Diz o frade, provando o caldo:

— Está um bocadinho insosso; bem precisa de uma pedrinha de sal.

Também lhe deram o sal. Temperou, provou e disse:

— Agora é que com uns olhinhos de couve ficava que os anjos o comeriam.

A dona da casa foi à horta e trouxe-lhe duas couves. O frade limpou-as e ripou-as com os dedos, deitando as folhas na panela.

Quando os olhos já estavam aferventados, disse o frade:

— Ai! Um naquinho de chouriço é que lhe dava uma graça...

Trouxeram-lhe um pedaço de chouriço; ele botou-o à panela e, enquanto se cozia, tirou do alforge pão e arranjou-se para comer com vagar. O caldo cheirava que era um regalo. Comeu e lambeu o beiço; depois de despejada a panela, ficou a pedra no fundo; a gente da casa, que estava com os olhos nele, perguntou-lhe:

— Ó senhor frade, então a pedra?

Respondeu o frade:

— A pedra, lavo-a e levo-a comigo para outra vez.

E assim comeu onde não lhe queriam dar nada.

3. Comenta a última frase do conto popular num texto de entre 70 a 100 palavras.

4. Organiza o vocabulário relacionado com a culinária nas caixas corretas.

chiar	**caldo**	**água**	**panela**	**ferver**
temperar	**provar**	**púcaro**	**couve**	**chouriço**
limpar	**pão**	**lamber**	**cozer**	**unto**

Verbos/Ações	Alimentos	Utensílios de cozinha

5. Decifra as seguintes adivinhas sobre o vocabulário do conto popular.

A Qual é coisa, qual é ela, que se detesta na praia, mas se adora na panela?

B Qual é coisa, qual é ela, que é saborosa e não tem sabor, é bonita e não tem cor?

C Qual é coisa, qual é ela, que nasce e é criada na água, mas morre se for lá atirada?

6. Indica se as seguintes afirmações são verdadeiras ou falsas.

	V	F
a O frade andava a pedir esmola, mas em casa do lavrador não lhe deram nada.	☐	☐
b Os donos da casa fizeram troça do frade porque não acreditavam que fosse possível fazer um caldo a partir de uma pedra.	☐	☐
c O frade juntou água, manteiga, sal, couve, chouriço, salsicha e cenoura.	☐	☐
d Os donos da casa não estavam nada impressionados.	☐	☐
e O frade ofereceu um pouco do seu caldo e deixou a pedra em casa do lavrador.	☐	☐

7. Num poema visual, as palavras representam uma forma relacionada com o seu conteúdo, como no poema abaixo, de Mário de Sá-Carneiro:

É no ar que ondeia tudo! É lá que tudo existe!…

7.1. Elabora um poema visual, em forma de panela, sobre o teu momento preferido do conto popular. Depois, elabora outro, à tua escolha, sobre um tema da tua imaginação.

Oficina 5

«A Senhora da Graça»
Adolfo Coelho

Nível **B2** Duração aproximada: **120 minutos**

1. A partir do título do conto popular e das palavras-chave apresentadas abaixo, elabora um acróstico, imaginando a história que vais ler.

vinho **gata** **monte** **esperteza**

A____________________
S____________________
E____________________
N____________________
H____________________
O____________________
R____________________
A____________________

D____________________
A____________________
G____________________
R____________________
A____________________
Ç____________________
A____________________

2. Lê o conto popular com um amigo. Entre os dois, decidam quem lê as narrações e quem lê os diálogos.

Sublinha o que não perceberes e anota as questões que te surjam nas margens.

A Senhora da Graça

Era uma vez um homem que era casado com uma mulher muito amiga de vinho, a ponto de não deixar parar vinho na adega. Um dia, o homem saiu para comprar uns bois e recomendou à mulher que não fosse à adega beber o vinho. Apenas o homem virou costas, a mulher chamou logo uma comadre e foram ambas para a adega beber o melhor pipo de vinho que encontraram. O homem, quando voltou para casa e se achou sem o vinho,

3. O que achas que vai acontecer a seguir? Explica-o num texto de entre 35 a 45 palavras.

queria bater na mulher; mas ela disse-lhe que não lhe batesse, pois estava inocente, quem tinha bebido o vinho tinha sido a gata. Como o homem não quisesse acreditar, a mulher disse-lhe:

— Pois olha, homem, havemos de ir à Senhora da Graça e havemos de perguntar-lhe quem foi que bebeu o vinho, se fui eu ou a gata; se a Senhora disser que fui eu, hei de trazer-te às costas para casa e se eu estiver inocente hás de tu trazer-me a mim.

4. O que pensas que vai acontecer a seguir?

Partiu o homem mais a mulher para a Senhora da Graça e, tendo chegado a um sítio onde havia um eco, a mulher disse ao homem:

— Olha, escusamos de ir mais longe;

5. Por que razão crês que a mulher disse isto?

Nossa Senhora também aqui nos ouve.

O homem, então, gritou com toda a força:

— Dizei-me, Senhora da Graça, quem bebeu o vinho, foi a mulher ou foi a gata?

E o eco respondeu:

6. O que achas que o eco respondeu?

— A gata.

Três vezes o homem perguntou o mesmo e três vezes o eco lhe respondeu a gata. O homem, então, convencido de que a mulher estava inocente, levou-a às costas para casa e matou a gata para ela não lhe ir beber mais o vinho.

7. O que significa a expressão «muito amiga de vinho»?

- [ ] Que tem um relacionamento de grande amizade com o vinho.
- [ ] Que gosta (muito) de beber (muito) vinho.

8. O que te parece que seja a «Senhora da Graça», tendo em conta as informações contidas no conto popular?

- [ ] Um monte.
- [ ] Uma senhora.

9. Quem é que respondeu ao marido?

- [ ] A Senhora da Graça.
- [ ] O eco.

10. Lê com atenção a letra da canção «Oiça lá ó Senhor Vinho», de autoria de Alberto Janes. Depois, sublinha dez palavras-chave.

Oiça lá ó senhor vinho,
vai responder-me, mas com franqueza:
porque é que tira toda a firmeza
a quem encontra no seu caminho?

Lá por beber um copinho a mais
até pessoas pacatas,
amigo vinho, em desalinho
vossa mercê faz andar de gatas!

É mau procedimento
e há intenção naquilo que faz.
Entra-se em desequilíbrio,
não há equilíbrio que seja capaz.

As leis da Física falham
e a vertical de qualquer lugar
oscila sem se deter
e deixa de ser perpendicular.

«Eu já fui», responde o vinho,
«a folha solta a bailar ao vento,
fui raio de sol no firmamento
que trouxe a uva, doce carinho.

Ainda guardo o calor do sol
e assim eu até dou vida,
aumento o valor seja de quem for
na boa conta, peso e medida.

E só faço mal a quem
me julga ninguém
e faz pouco de mim.
Quem me trata como água
é ofensa, pago-a!
Eu cá sou assim.»

Vossa mercê tem razão
e é ingratidão
falar mal do vinho.
E a provar o que digo
vamos, meu amigo,
a mais um copinho!

11. Reconta o conto popular, do ponto de vista da gata, usando as dez palavras que selecionaste anteriormente. Escreve entre 130 a 150 palavras.

12. Reúne alguns amigos e, em 10 minutos, preparem a dramatização do conto popular. Não precisam de decorar tudo e podem improvisar durante a atuação. Devem representar durante 10 a 15 minutos.

13. Envia um convite aos teus familiares para irem assistir à tua atuação, explicando-lhes que se trata de uma angariação de fundos para o teu grupo de teatro.

Convite

(nome do convidado) ______________________,

(motivo do convite, data e hora) ______________________

____

______________________,

(local e morada) ______________________.

(assinatura) ______________

Oficina 6

«As tias»
Consiglieri Pedroso

Nível **B2** Duração aproximada: **120 minutos**

1. Encontra, na sopa de letras, 15 palavras sobre vocabulário do corpo humano.

C	O	S	T	A	S	O	R	U	G	E	P	C
B	A	V	C	B	I	H	R	M	S	Ç	E	V
A	A	B	P	R	U	L	Á	B	I	O	S	Z
R	H	B	E	A	Ç	E	Z	I	F	H	C	P
R	T	G	R	Ç	J	O	I	G	R	G	O	É
I	K	T	N	O	A	J	R	O	I	A	Ç	D
G	L	R	A	F	P	H	A	D	E	D	O	D
A	S	A	H	L	E	C	N	A	R	B	O	S
X	Ç	A	T	O	R	N	O	Z	E	L	O	I
O	R	E	L	H	A	L	M	N	F	V	T	U

2. Joga ao *Bingumano* (Anexo 4).

- Materiais: um cartão por jogador; pedrinhas; um saco; 24 cartões pequenos;
- Regras:
  - Em primeiro lugar, cada jogador escolhe um cartão e baralham-se os 24 cartões pequenos, que se colocam no saco;
  - Em segundo lugar, cada jogador vai retirando os cartões, lendo em voz alta a sua legenda. De seguida, e quando sair a legenda igual à de um cartão, coloca-se uma pedrinha em cima da mesma;
  - Em terceiro lugar, e quando se completar um cartão, diz-se «Bingumano».

Nota: ganha quem completar o cartão acertadamente em primeiro lugar.

3. O conto popular que vais ler tem como título «As tias». Consegues antever alguma(s) personagem(ns)? Se sim, quais e qual poderá ser o seu papel na história? Escreve entre 35 a 45 palavras.

____

____

____

4. Lê o conto popular individualmente e em silêncio.

As tias

Havia uma velha que tinha uma neta e, estando esta um dia à janela, passou Sua Majestade e gostou muito dela.

Bateu à porta e, vindo a velha abrir-lha, perguntou o que Sua Majestade desejava.

O rei respondeu que queria ver uma menina que tinha visto à janela.

A velha, então, disse-lhe que a menina que ele tinha visto lhe faria uma camisa que passava pelo fundo de uma agulha.

O rei disse-lhe que, se ela a fizesse, casaria com ela, e, se assim não fosse, a mandaria matar. Depois de o rei se ir embora, a menina pôs-se a chorar, porque não tinha dito tal coisa.

Apareceu-lhe uma mulher e disse-lhe que se não mortificasse, que ela lhe faria a camisa, se ela, no dia do casamento, lhe chamasse «tia», diante de toda a gente, ao jantar.

A menina disse que sim.

Depois apareceu a camisa feita e foi dada ao rei.

Este disse-lhe que ainda não estava contente e a avó disse-lhe que a neta era capaz de

Sublinha o que não perceberes e anota as questões que te surjam nas margens.

5. Imagina outra «habilidade» da menina.

____

ouvir o que se dizia a três léguas de distância.

Sabendo isto, a menina começou de novo a chorar e a mulher tornou-lhe a aparecer dizendo-lhe que, se ela lhe chamasse «tia», diante de toda a gente, no dia do casamento, lhe diria o que o rei havia de dizer numa caçada a que tinha ido a três léguas de distância.

A menina disse que sim e a mulher disse-lhe o que o rei tinha dito na caçada.

A avó foi logo dizer a Sua Majestade e, não ficando ainda este contente, a avó disse-lhe que a neta era capaz de fiar uma meada de linho em meia hora.

Sabendo-o, a menina pôs-se outra vez a chorar, por não o poder fazer.

Apareceu-lhe outra vez a mulher do costume e disse-lhe o mesmo.

A menina respondeu-lhe que sim e a meada apareceu-lhe logo fiada.

Chegou o dia do casamento e casou o rei com a menina e, estando ao jantar, sentiu-se bater à porta.

6. O que achas que vai acontecer a seguir?

____

____

Entrou uma mulher muito feia, com uns olhos muito grandes, e a menina levantou-se logo e disse-lhe:

— Boas tardes, minha tia, deite-me a sua bênção!

Ficou toda a gente admirada de ver semelhante mulher e ela disse ao rei que tinha os olhos assim que era de fazer uma camisa que passasse pelo fundo de uma agulha.

Daí por um bocado, tornou-se a sentir bater à porta e apareceu outra mulher com umas orelhas muito grandes.

A menina levantou-se logo e disse-lhe:

— Boas tardes, minha tia, deite-me a sua bênção!

Toda a gente ficou admirada e a mulher disse ao rei que tinha as orelhas grandes que era de ouvir o que se passava a três léguas de distância.

Daí a bocado, bateram outra vez à porta e entrou outra mulher muito feia com uns braços muito grandes.

A menina levantou-se logo e disse:

— Boas tardes, minha tia, deite-me a sua bênção!

Todos ficaram muito admirados e a mulher disse ao rei que tinha assim os braços que era de fiar uma meada em meia hora.

O rei, então, levantou-se e disse à rainha que não queria nem que ela fizesse a camisa, nem que ouvisse o que se dizia a três léguas de distância, nem que fiasse a meada em meia hora.

E foi assim que ela se livrou do que a avó tinha dito ao rei.

7. Achas justo o rei ter pensado mandar matar a menina por ela não conseguir fazer algo com o qual não se tinha comprometido? Justifica a tua opinião.

____

____

____

8. Transcreve as frases do conto popular correspondentes a cada imagem.

A

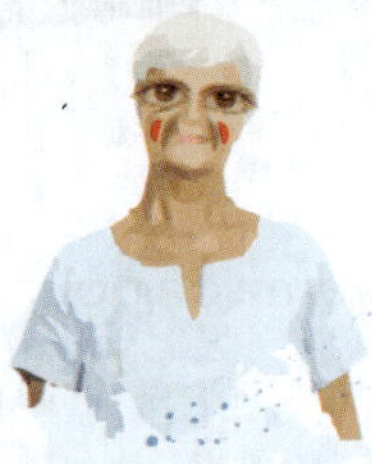

B

C

9. Reconta oralmente o conto popular e acrescenta-lhe algo da tua imaginação. Grava a tua narração, assim como a dos teus amigos, e, juntos, criem um álbum de audiolivros. Depois, divulguem-no e partilhem-no com os vossos familiares e amigos.

10. Escreve um pequeno conto, de entre 150 a 180 palavras, no qual incluas as expressões abaixo.

rir romã ar Maria miar
agradar garras gato preto com patas brancas

Oficina 7

«O cego e o mealheiro»
Teófilo Braga

Nível **B2** Duração aproximada: **120 minutos**

1. Provoca uma **tempestade de ideias** na tua mente sobre o tema da poupança.

1 ____________________
2 ____________________
3 ____________________
4 ____________________
5 ____________________
6 ____________________
7 ____________________
8 ____________________
9 ____________________
10 ____________________

Numa tempestade de ideias deves escrever tudo o que te vem à cabeça sobre um determinado tema.

2. Debate com os teus amigos os seguintes tópicos:
- O que é a poupança?
- Por que razão é importante poupar?
- Qual é a importância de ter um mealheiro?
- Como coordenar os verbos «poupar» e «gastar»?

3. Lê o conto popular com mais dois amigos. Entre todos, decidam quem faz de narrador, quem faz de cego e quem faz de vizinho.

O cego e o mealheiro

Era uma vez um cego que tinha ajuntado no peditório uma boa quantia de moedas. Para que ninguém lhas roubasse, tinha-as metido dentro de uma panela, que guardava enterrada no quintal, debaixo de uma figueira. Ele lá sabia o lugar e, quando ajuntava outra boa maquia, desenterrava a panela, contava tudo e tornava a esconder o seu tesouro. Um vizinho espreitou-o, viu onde é que ele enterrava a panela e foi lá e roubou tudo.

4. O que achas que vai acontecer a seguir?

____

____

____

Sublinha o que não perceberes e anota as questões que te surjam nas margens.

Quando o cego deu pela falta, ficou muito calado, mas começou a dar voltas ao miolo para ver se arranjava estrangeirinha para tornar a apanhar o seu dinheiro. Pôs-se a considerar quem seria o ladrão e achou lá para si que era por força um vizinho. Tratou de vir à fala e disse-lhe:

5. O que irá o cego dizer ao vizinho?

____

____

— Olhe, meu amigo, quero-lhe dizer uma coisa muito em particular, que ninguém nos oiça.

— Então que é, senhor vizinho?

— Eu ando doente, e isto há viver e morrer; por isso quero-lhe dar parte que tenho algumas moedas enterradas no quintal, dentro de uma panela, mesmo debaixo da figueira. Já se sabe, como não tenho parentes, há de ficar tudo para vossemecê, que sempre tem sido bom vizinho e me tem tratado bem. Ainda tinha aí num buraco mais umas peças e quero guardar tudo junto, para o que der e vier.

6. O que pensas que o vizinho vai fazer?

____

____

O vizinho ouviu aquilo, e agradeceu-lhe muito a sua intenção, e naquela noite tratou logo de ir enterrar outra vez a panela de dinheiro debaixo da figueira, para ver se apanhava o resto das peças ao cego. Quando bem o entendeu, o cego foi ao sítio, encontrou a panela e trouxe-a para casa e então é que se pôs a fazer uma grande caramunha ao vizinho, dizendo:

— Roubaram-me tudo! Roubaram-me tudo, senhor vizinho.

E daí em diante guardou o seu dinheiro onde ninguém mais pintado dava com ele.

7. Relaciona o vocabulário com as definições.

1 **ajuntado**	a cérebro
2 **quantia**	b quantidade
3 **maquia**	c reunido
4 **miolo**	d artimanha
5 **estrangeirinha**	e dinheiro

8. O que consideraste mais ardiloso (manhoso) no conto popular: a ganância ou a esperteza? Justifica a tua opinião num texto de entre 70 a 100 palavras.

____
____
____
____
____
____
____
____
____
____
____

9. Elabora uma quadra (uma estrofe com quatro versos) com rima no segundo e quarto versos, sintetizando o conto popular.

Estrofe
______________________ 1.º verso
______________________ 2.º verso
______________________ 3.º verso
______________________ 4.º verso

10. *E se*… tu tivesses um tesouro? Onde é que o irias esconder? Explica-o num texto de entre 150 a 180 palavras. Não te esqueças de explicar qual o tesouro, a sua importância, o local do esconderijo e a justificação para a sua escolha.

11. Desenha o mapa do teu tesouro e escolhe um amigo em quem confies para lhe dares as indicações de como lá chegar.

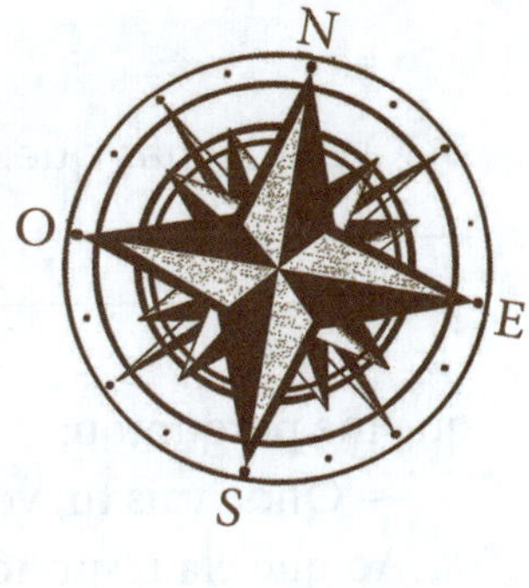

Oficina 8

«A velha e os lobos»
Adolfo Coelho

Nível **B2** Duração aproximada: **120 minutos**

1. O conto popular que vais ler é muito conhecido em Portugal, pelo que praticamente toda a gente conhece o poema que contém:

«Não vi velha nem velhinha;
Não vi velha nem velhão;
Corre, corre, cabacinha;
Corre, corre, cabação.»

1.1. O que consegues antever da história a partir deste poema?

___

___

___

2. Lê o conto popular individualmente e em silêncio.

A velha e os lobos

Uma velha tinha muitos netos, um dos quais estava ainda por batizar. Um dia, a boa velhinha saiu a procurar um padrinho para o seu netinho e no caminho encontrou um lobo,

3. O que achas que vai acontecer a seguir?

___

___

que lhe perguntou:

— Onde vais tu, velha?

Ao que ela respondeu:

— Vou arranjar um padrinho para o meu neto.

— Ó velha, olha que eu como-te!

— Não me comas que, quando se batizar o meu menino, dou-te arroz-doce.

Foi mais adiante e encontrou outro lobo que lhe fez a mesma pergunta e ela deu-lhe a mesma resposta. Depois encontrou um homem que lhe perguntou o que ela ia fazer e, como ela lhe respondesse que ia procurar um padrinho para o seu neto, ele ofereceu-se logo para isso. Depois a velha contou-lhe o encontro que tinha tido com os lobos e o homem deu-lhe

Sublinha o que não perceberes e anota as questões que te surjam nas margens.

4. O que pensas que o homem vai dar à velha? Porquê?

____

____

uma grande cabaça e disse-lhe que se metesse dentro dela, que assim iria ter a casa sem que os lobos vissem. A velha meteu-se na cabaça e esta começou a correr, a correr, até que encontrou um lobo que lhe perguntou:

— Ó cabaça, viste por aí uma velha?

— Não vi velha, nem velhinha;
Não vi velha, nem velhão;
Corre, corre, cabacinha,
Corre, corre, cabação.

Mais adiante encontrou outro lobo que lhe perguntou também:

— Ó cabaça, viste por aí uma velha?

— Não vi velha, nem velhinha;
Não vi velha, nem velhão;
Corre, corre, cabacinha,
Corre, corre, cabação.

A velha, julgando que já estava longe dos lobos, deitou a cabeça fora da cabaça, mas os lobos, que a seguiam, saltaram-lhe em cima e comeram-na.

5. Identifica o momento-chave e um momento secundário do conto popular. Justifica a tua distinção.

____

____

____

____

6. Observa a seguinte imagem e, tendo em conta as informações contidas no conto popular, explica o que está errado, num texto de entre 70 a 100 palavras.

7. O final do conto popular é muito curto. Expande-o, seguindo o exemplo.

A velha continuou a correr durante uma hora, mas, julgando

8. Este conto popular faz-te lembrar outro conto popular semelhante? Se sim, qual e porquê?

____

____

9. Pensa no nome de dois animais, um afável e outro maldoso, e anota-os. Depois, pede a um amigo para escolher o número 1 ou 2. Finalmente, com o animal correspondente a esse número, inventa um conto, com cerca de 180 palavras, no qual tenhas de fugir dele, à semelhança do que aconteceu com a velha. Também deves inventar um disfarce e um poema.

1 ____________________ 2 ____________________

10. Lê o teu conto aos teus amigos e ouve o deles também. Depois, criem um pequeno manual de sobrevivência a animais afáveis e maldosos, no qual incluam os vossos contos e o conto popular português que lhes deu origem.

Oficina 9

«O conde de Paris»

Adolfo Coelho

Nível **B2** Duração aproximada: **120 minutos**

1. Lê o conto popular individualmente e em silêncio.

O conde de Paris

Havia um rei que tinha uma filha em idade de casar e tratou-lhe o casamento com o conde de Paris. Convidou o rei o conde um dia para jantar e, quando estavam à mesa, o rei, a princesa, o conde e a corte toda, começou o jantar, que foi muito animado, falando-se muito do próximo casamento da princesa. À sobremesa, deixou o conde cair um grão de romã na barba e depois apanhou-o com o garfo e comeu-o.

Sublinha o que não perceberes e anota as questões que te surjam nas margens.

Então a princesa disse que já não queria ser sua esposa, pois que ele, em vez de deixar cair o grão de romã na toalha, o comia. O conde levantou-se da mesa e jurou vingar-se, dizendo à princesa que ela o desprezava por tão pouco, mas que ainda havia de comer pão de romeiro, beber água de um charqueiro e comer papas em palheiro. Passados dias, foi oferecer-se ao rei um preto para jardineiro e logo foi aceite. Mas o preto tinha umas maneiras tão delicadas, e fazia raminhos tão bonitos, que oferecia à princesa, e tais artes buscou, que ela se enamorou dele e fugiram ambos. Pelo caminho, disse a princesa que tinha fome e, como ali não houvesse de comer, disse-lhe o preto que, se ela queria, ele iria pedir um bocado de pão àquele romeiro que viram no caminho; ela então comeu o pão e disse:

— Ai, conde de Paris! Conde de Paris!

2. Por que razão suspira desta forma a princesa?

____

____

Responde o preto:

— Porque o não quis?

3. Responde à pergunta que o preto fez.

____

Foram mais adiante e a princesa disse que tinha sede e o preto respondeu que ali só havia água de um lameiro. A princesa bebeu e tornou a repetir:

— Ai, conde de Paris!

E o preto respondeu:

— Porque o não quis?

Mais adiante disse o preto à princesa que tencionava ir ver se o conde de Paris os queria admitir ao seu serviço, quando mais não fosse ao menos na cavalariça. Chegaram ao palácio do conde e mandaram-nos recolher num palheiro e o preto deixou a princesa só e voltou muito tarde trazendo uma taça grossa cheia de papas e disse à princesa que com muito custo as arranjara. Então a princesa perguntou com que as havia de comer e ele disse-lhe que com a mão e, como não podia esperar pela taça, que as deitava na palha e que as comesse ela de lá. A princesa, como tinha muita fome, comeu como pôde. Ao outro dia, foi o preto dizer-lhe que como era preciso que ela se empregasse em alguma coisa, que fosse ajudar a amassar o pão; mas que visse em todo o caso se roubava alguma farinha, pois aquela gente não lhe dava comer que lhe apagasse a fome. A princesa, com muito custo, roubou a farinha, mas não tinha remédio senão obedecer ao preto. Depois disto apareceu o conde de Paris muito bem vestido e disse que era preciso revistar as mulheres para que não roubassem elas alguma farinha. Como encontrasse a farinha à princesa, puseram-na na rua com grande vergonha dela e mandaram-na outra vez para o palheiro. Foi o preto ao palheiro e ela contou-lhe o sucedido e ele respondeu-lhe que ela não tinha jeito para nada. No dia seguinte, disse o preto à princesa que estava para se bordar um vestido para uma princesa que ia ser mulher do conde e, como ela sabia bordar, que se podia encarregar disso, mas que visse sempre se roubava algum bocadinho de ouro. Sucedeu-lhe, porém, o mesmo que lhe sucedera com a farinha. Noutro dia, estando ela toda chorosa, apareceu-lhe o preto acompanhado de muitos criados e, trazendo ricas toalhas e bacias de prata, disse-lhe que era preciso que ela se deixasse preparar, porque a mãe do conde desejava ver o vestido antes de a mulher do conde o vestir e, como ela era da estatura da dona do vestido, que era preciso que o vestisse para se ver se estava bom. Enquanto a princesa se vestiu, desapareceu o preto; e, depois, apareceu o conde e disse à princesa que o preto era ele e que tudo quanto tinha feito era pelo grande amor que lhe tinha. Casaram e viveram sempre muito felizes.

4. Na opinião do conde de Paris, a princesa desprezou-o por tão pouco, quando, na verdade, ela própria iria passar por humilhações piores. Dá a tua opinião, num texto de entre 100 a 130 palavras, sobre a lição que o conde de Paris deu à princesa.

____
____
____
____
____
____
____
____
____
____
____
____
____
____

5. Transcreve os trechos do conto popular que descrevem as previsões do conde de Paris.

- «comer pão de romeiro»: _______________;
- «beber água de um charqueiro»: _______________;
- «comer papas em palheiro»: _______________.

6. Atribui um título alternativo ao conto popular. Justifica a tua escolha.

____
____

7. Entrevista o conde de Paris. Prepara três perguntas que consideres importante serem respondidas e, tendo em conta o conto popular que leste e as atitudes demonstradas pelo conde de Paris, imagina as suas respostas.

Pergunta 1: ______________________________

Resposta 1: ______________________________

____

Pergunta 2: ______________________________

Resposta 2: ______________________________

____

Pergunta 3: ______________________________

Resposta 3: ______________________________

____

8. Elabora um poema visual com recortes de revistas, jornais, caixas de cereais, pacotes de leite, latas de refrigerantes, entre outros recursos, sintetizando o conto popular que leste.

9. Mostra a tua obra de arte aos teus amigos e observa a deles também. Façam comentários relevantes às obras, como se fossem exímios (hábeis) críticos de arte. Juntos, organizem uma exposição para as vossas obras e convidem alguns amigos e familiares para a visitarem. Não se esqueçam de colocar em destaque o conto popular que lhes deu origem.

10. *E se*… tu pudesses transformar-te noutra pessoa ou coisa, em que(m) te transformarias e porquê? Explica-o num texto de 180 palavras.

____

Oficina 10

«As crianças abandonadas»
Teófilo Braga

Nível **B2** Duração aproximada: **120 minutos**

1. O conto popular que vais ler trata do tema da família. Escreve um texto de 180 palavras, no qual abordes este tema e uses as palavras abaixo.

crescimento	**marca**	**rever**	**recordações**	**futuro**

Dá exemplos pessoais sempre que considerares necessário.

2. Comenta com os teus amigos os seguintes provérbios populares portugueses: «amigo fiel e prudente vale mais do que parente»; «boa amizade é um segundo parentesco».

3. Lê o conto popular com um grupo amplo de amigos. Cada um fica encarregado da leitura de um parágrafo.

As crianças abandonadas

Um pobre homem casado tinha muitos filhos, sem ter que lhes dar a comer; de uma vez, quando os pequenos já estavam deitados, disse ele para a mulher:

— O melhor é levá-los comigo para o monte quando for à lenha e deixá-los lá.

Sublinha o que não perceberes e anota as questões que te surjam nas margens.

4. Dá a tua opinião sobre o que o homem acabou de dizer à mulher.

____

____

____

____

O filho mais novo apanhou a conversa e levantou-se sorrateiro e foi à ribeira e trouxe para casa muitos seixinhos. Ao outro dia pela madrugada, o homem saiu com os filhos para o monte e o mais novo foi espalhando os seixos pelo caminho. Ao cair da tarde, o homem carregou a lenha e disse aos filhos que ficassem guardando o resto, que já vinha por eles. Mas, voltou o pai? Assim que anoiteceu, os pequenos começaram a chorar; ora o mais novo disse:

— Eu sei o caminho.

5. Como é que o irmão mais novo sabia o caminho?

____

____

E foi procurando os seixinhos brancos que tinha deixado cair pelo caminho; o que é certo é que deu com o caminho de casa mais os irmãos. Estava a porta fechada e estava-se à ceia. Dizia a mulher:

— Está este caldinho tão bom. Quem me dera aqui agora os nossos filhos! Onde estarão a estas horas?

— Estamos aqui, mãezinha.

A mãe foi abrir-lhes a porta. Passaram tempos, a pobreza aumentou e o pai combinou outra vez em deixá-los no monte; assim fez. O pequeno apanhou a conversa e, desta vez, como não pôde ir buscar os seixos, encheu uma algibeira de

6. Do que achas que o menino encheu a algibeira?

____

tremoços e foi-os espalhando. À noite, quando o pai se veio embora, o pequeno começou a procurar os tremoços e os pássaros tinham-nos comido e não pôde achar o caminho.

7. O que pensas que vai acontecer a seguir? Descreve-o num texto de entre 50 a 70 palavras.

____

____

____

____

____

____

____

____

Ele mais os irmãozinhos perderam-se no descampado, até que foram dar a uma casa onde morava um homem ruim; a mulher, assim que os viu, disse:

— Ai, meninos, que vindes aqui fazer, que o meu homem come gente!

— O que nós queríamos era comer alguma coisinha, disse o mais esperto.

Entraram; a mulher deitou os seus filhos numa cama e pôs-lhes umas carapucinhas e levou os pequenos perdidos para outra cama. O pequeno, mais esperto, não pregava olho e lá pela noite adiante viu entrar o homem ruim, de dentes arreganhados:

— Cheira-me aqui a gente nova!

A mulher confessou-lhe tudo; ora, o pequeno tinha ido tirar as carapucinhas aos outros e tinha-as metido nas cabeças dos irmãos e na sua. O homem mau passou pela cama das crianças e, pensando que eram os seus filhos, foi ter à outra cama e, como não os viu com as carapucinhas, degolou-os logo a todos e começou a comer neles. Os pequenos, pelo aviso do irmão, escapuliram-se e quando já iam muito longe é que o homem ruim deu pelo engano; calçou umas botas de sete léguas e tal passada deu que os pequenos lhe ficaram atrás; andou, andou e de cansado voltou e adormeceu no caminho. O pequeno roubou-lhe as botas de sete léguas e assim pôs-se a salvamento mais os irmãos, e como o rei tinha guerras muito longe ele levava as ordens e trazia as notícias e assim ganhou muito dinheiro com que tirou toda a sua família da pobreza.

8. Relaciona o vocabulário com as definições.

1 **sorrateiro**	a pedra
2 **seixo**	b bolso de uma peça de roupa
3 **algibeira**	c decapitar
4 **degolar**	d que faz as coisas dissimuladamente
5 **escapulir**	e fugir

9. Elabora um poema coletivo sobre o tema da família.

- Materiais: papel, caneta e boné/saco;
- Regras:
  - Primeiro, cada um escreve um verso num pedaço de papel sem que os outros vejam;
  - Depois, cada um dobra o papel e coloca-o no boné/saco;
  - De seguida, um de vocês tira e lê, um a um, os papéis;
  - Finalmente, já têm a ordem do vosso poema estabelecida.

10. Joga ao *Jogo da Forca* com os teus amigos a partir do vocabulário do conto popular.

Regras: um de vocês pensa numa palavra do conto popular e traça, debaixo da forca, um risco (_) para cada letra dessa palavra; os restantes devem adivinhar essa palavra, dizendo uma letra do alfabeto de cada vez; se a letra estiver correta, escreve-se a mesma no risco correspondente, se não, começa-se a desenhar o corpo de um boneco enforcado (primeiro a cabeça, depois o pescoço, até chegar aos pés); ganha quem acertar a palavra antes de ter o corpo todo desenhado.

Parte III

O meu dicionário

Constrói o teu dicionário pessoal:

- Indica a palavra que aprendeste;
- Define-a;
- Sempre que possível, dá o exemplo de uma palavra com significado semelhante;
- Sempre que possível, dá o exemplo de uma palavra com significado oposto.

	Palavra	Definição	Sinónimo	Antónimo
A				
B	buscar	apanhar algo	trazer	levar
C				
D				

Palavra	Definição	Sinónimo	Antónimo
E			
F			
G			
H			

Palavra	Definição	Sinónimo	Antónimo
I			
J			
K			
L			

Palavra	Definição	Sinónimo	Antónimo
M			
N			
O			

	Palavra	Definição	Sinónimo	Antónimo
P				
Q				
R				
S				

	Palavra	Definição	Sinónimo	Antónimo
T				
U				
V				

Palavra	Definição	Sinónimo	Antónimo
W			
X			
Y			
Z			

Parte IV

Anexos

Jogo do Mocho e do Lobo
Jogo do Stop
Glorivinhas
Bingumano

Anexo 1: *Jogo do Mocho e do Lobo*

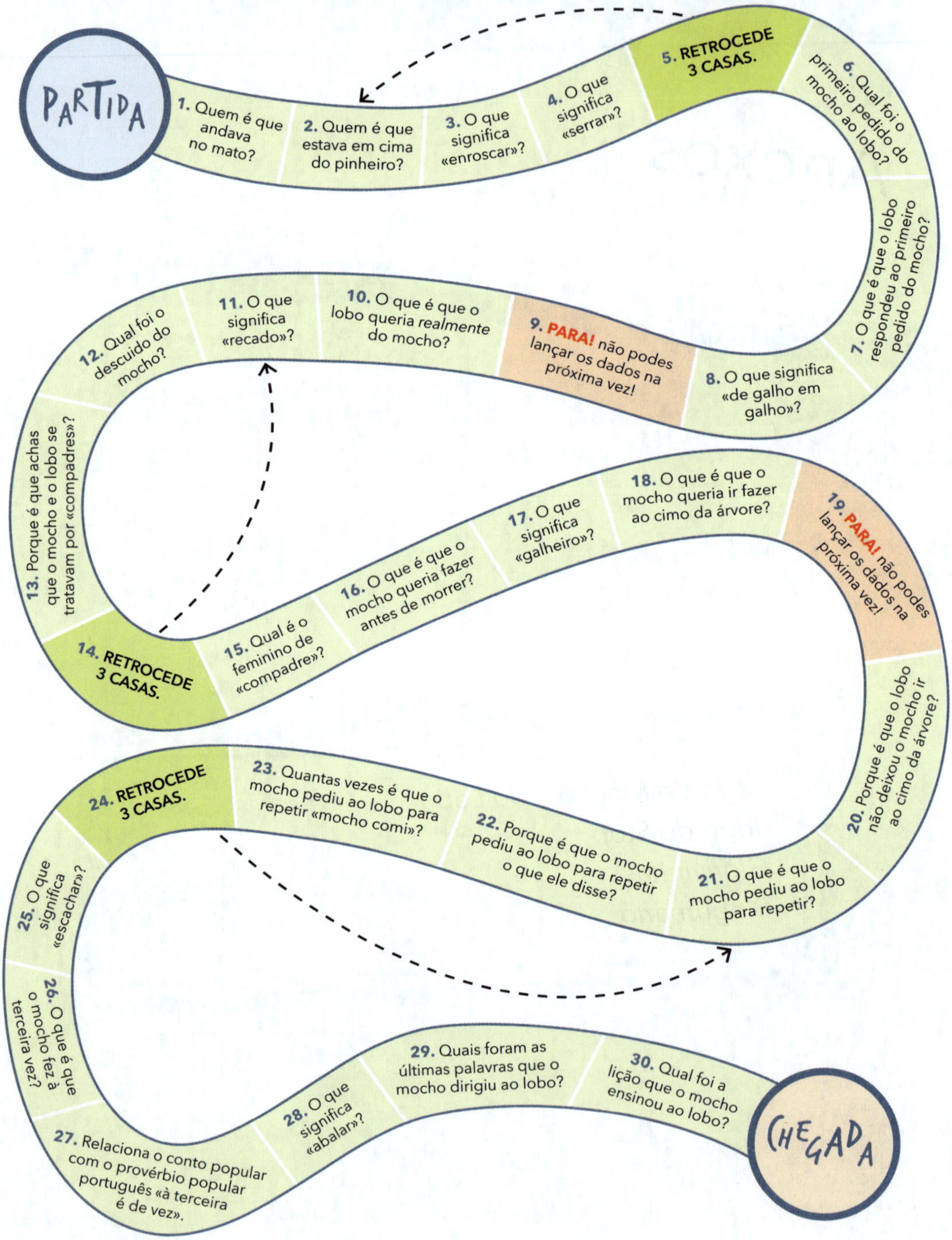

Anexo 2: *Jogo do Stop* (vocabulário de saúde)

Letra	Doença	Sintoma	Profissão	Objeto	Verbo	Adjetivo	Pontuação
c	*constipação*	*calafrios*	*cardiolo-gista*	*cama*	*constipar*	*constipado*	
						TOTAL▶	

Anexo 3: *Glorivinhas*

PARTIDA

1. O que é que está no meio do mar?
2. Qual é a cor do cavalo branco de Napoleão?
3. O que é que quanto maior é menos se vê?
4. Qual é a terra mais direita de Portugal?
5.  – A +  – C = ?
6. O que é que é grande em Lisboa e pequeno no Brasil?
7. Qual é o nome que fica igual ao contrário?
8. O que é que está no meio da rua de pernas para o ar?
9. O que é que quanto mais alto está melhor se lhe chega?
10.  + CO = ?
11. Qual é o céu que não tem estrelas?
12. Qual é a terra de Portugal que está sempre de sentinela?
13. ? +  = 
14. Qual é o nome do prato de Natal que também é nome de país?
15. O que é que dá muitas voltas, mas não sai do lugar?
16. O que é que é surdo e mudo, mas conta tudo?
17. O que é que o poço e o pescoço têm em comum?
18. O que é que antes de ser já o era?

CHEGADA

Anexo 4: *Bingumano*

Cartão do jogador 1

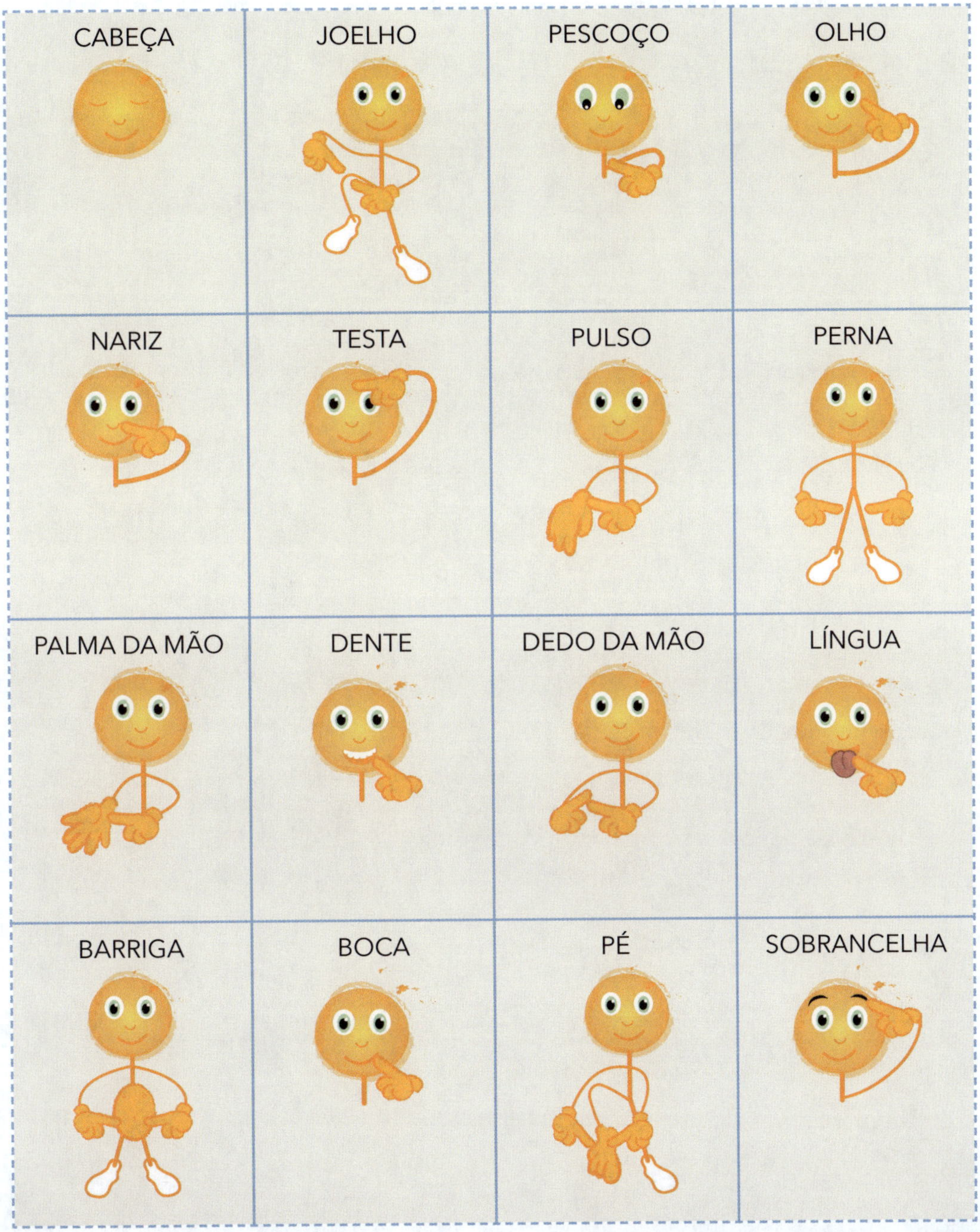

Cartão do jogador 2

JOELHO

MÃO

PALMA DA MÃO

PULSO

ORELHA

CABEÇA

SOBRANCELHA

PERNA

BOCA

OLHO

DEDO DA MÃO

CABELO

DENTE

QUEIXO

PÉ

BARRIGA

Cartão do jogador 3

Cartão do jogador 4

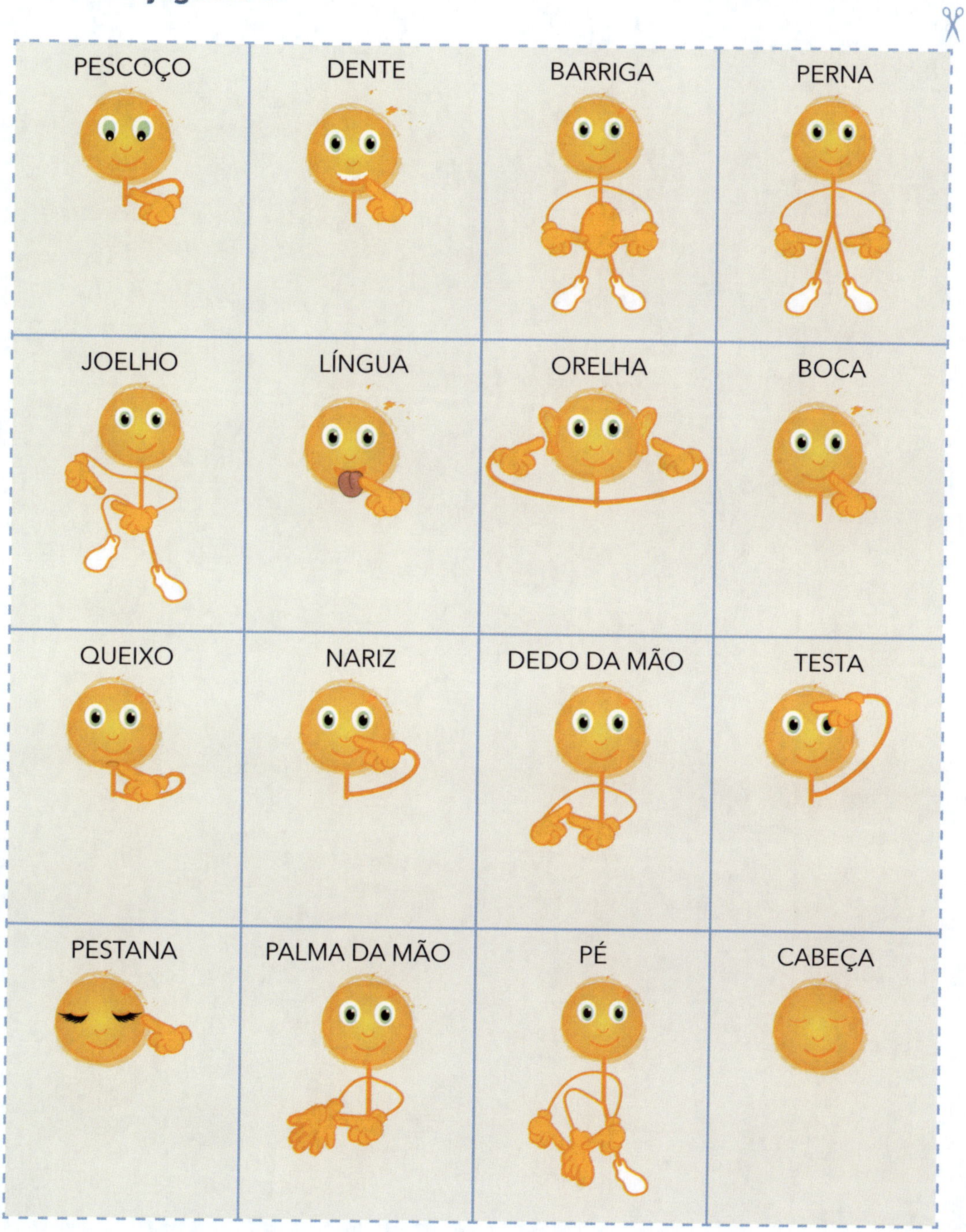

Cartões pequenos para o saco

Soluções

PARTE I – ATIVIDADES INICIAIS

A literarura oral

1. «quem conta um conto acrescenta um ponto»: diz-se quando uma pessoa ouve uma história e conta-a de maneira diferente.

O conto popular português

4.1. F; **4.2.** V; **4.3.** V; **4.4.** F; **4.5.** F; **4.6.** V; **4.7.** V; **4.8.** V; **4.9.** F; **4.10.** V.

Os escritores

1.1. c; **1.2.** a; **1.3.** b.

PARTE II – OFICINAS DE LEITURA RECREATIVA E DE ESCRITA CRIATIVA NÍVEL B1

Oficina 1

1. (Sugestões de resposta)
1. cobra; 2. estrela-do-mar; 3. minhoca; 4. javali; 5. rinoceronte; 6. zebra; 7. girafa; 8. abutre; 9. pintassilgo; 10. gaivota.

2. A. O caracol. B. O cavalo-marinho. C. O gato.

3. (Sugestão de resposta)
A. Qual é coisa, qual é ela, que faz boa canja e desce pela goela?; B. Qual é coisa, qual é ela, que é macho e tem duas fêmeas?

6. (Sugestão de resposta)
Ontem, um
Coelhinho
Orelhudo
Estava a
Lamentar-se porque tinha fome.
Habilmente,
Introduziu-se
Na
Horta,
Onde procurou couves.
Bastou
Regressar
A casa para verificar que
Não conseguia entrar.
Cabisbaixo, procurou ajuda por
Onde quer que fosse.

7. «as aparências iludem»: o que é demonstrado nem sempre corresponde à realidade.

Oficina 2

5. 1. f; 2. c; 3. b; 4. a; 5. d; 6. e.

6. (Sugestão de resposta)
Estudante: alto, magro, de cor pálida como as nuvens, com pera pontiaguda e cabelo empastado de brilhantina; Estalajadeira: atarracada, com músculos pujantes, de pele rosada e olhos minúsculos.

7. Quando o estudante entregou o novelo à estalajadeira e começou a andar para trás, enquanto repetia «pira, pira, pira» e o novelo se ia desfazendo.

Oficina 3

1. O pinheiro dá <u>pinhas</u>, que, por sua vez, dão <u>pinhões</u>.

2. (Sugestão de resposta)
1. Não arrancar a flora; 2. Não perturbar a fauna; 3. Não fazer lixo; 4. Limpar o lixo existente; 5. Plantar e semear mais.

4.

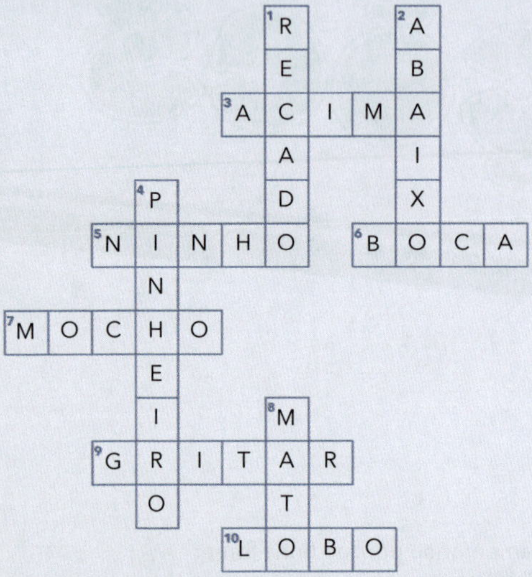

5. 1. O lobo. 2. O mocho. 3. Enrolar. 4. Cortar. 6. O mocho pediu ao lobo para não serrar o pinheiro, senão os seus filhos morriam. 7. O lobo disse para o mocho descer, caso não quisesse que ele serrasse o pinheiro. 8. De ramo em ramo. 10. Queria comê-lo. 11. Mensagem enviada por alguém a outrem. 12. O mocho desceu e o lobo agarrou-o com os dentes e meteu-o na boca. 13. Para se tornarem mais próximos um do outro. / / Porque se trata de um conto popular, transmitido oralmente, e é assim que muitos portugueses se tratam. 15. Comadre. 16. O mocho queria fazer um testamento. 17. Fogueira de galhos. 18. Queria ir despedir-se dos filhos. 20. Não o deixou ir porque achava que, se o deixasse, ele fugiria. 21. «Mocho comi». 22. Para os seus filhos saberem que estava na boca do lobo. / Para conseguir fugir da boca do lobo. 23. Três vezes. 25. Abrir. 26. Fugiu da boca do lobo. 27. O provérbio significa que à terceira tentativa finalmente se consegue o que se esteve a tentar nas duas anteriores. Neste caso, significa que, depois de duas tentativas falhadas, o mocho, à terceira vez, finalmente conseguiu fugir da boca do lobo. 28. Ir embora. 29. «Outro sim, que não a mim». 30. O mocho mostrou ao lobo que, apesar de este ser mais forte do que ele, conseguiu vencê-lo através da sua inteligência/esperteza.

6. 1. b; 2. a.

Oficina 4

3. 1. c; 2. j; 3. f; 4. h; 5. e; 6. i; 7. d; 8. a; 9. g; 10. b.

4. Como estava cheia de inveja por o marido não a ter incluído no petisco, comeu as perdizes sozinha e inventou uma série de mentiras para não ser descoberta: ao abade, disse que o marido lhe queria cortar as orelhas e que o convite era um pretexto para tal; ao marido, disse que o abade tinha ido lá a casa, mas que já se tinha ido embora e levado consigo as perdizes.

5. Na primeira frase, referem-se à perdiz. Na segunda frase, referem-se às orelhas.

6. (Sugestão de resposta)
Alcoólica, irresponsável, desrespeitadora, mentirosa, incriminatória, espertalhona.

Oficina 5

1. (Sugestão de resposta)
1. disputa; 2. vencedor; 3. vencido; 4. conciliação; 5. mandar; 6. autoridade; 7. influência; 8. soberania; 9. dominar; 10. topo.

6. 1. c; 2. e; 3. h; 4. i; 5. a; 6. d; 7. j; 8. f; 9. b; 10. g.

7. Quando o leão se apercebeu de que era possível uma convivência pacífica entre vários reis no mesmo país.

8. (Sugestões de resposta)
Pacífico, amigo, tolerante.

Oficina 6

7. 1. b; 2. b; 3. b; 4. a; 5. a; 6. b; 7. b.

8. Casa do feiticeiro; feira; casa do pai e dos filhos; estalagem; casa da menina; regato de água; ar.

9.

Oficina 7

3. (Sugestão de resposta)
Enquanto o homem tinha a mania de que era esperto e podia enganar a Morte («pega no doente e muda-o com a cabeça para onde estavam os pés e ele escapa»), esta é que era a verdadeira esperta, porque, no fim, levou a melhor: «– Pois já que rezaste o padre-nosso, vem comigo.»

4. 1. e; 2. d; 3. c; 4. b; 5. a.

6. «amigos, amigos, negócios à parte»: distinção entre as relações pessoais e as profissionais, não devendo a primeira influenciar a segunda.

Oficina 8

5. O homem não levou as nozes consigo porque, ao dizer que a mulher não o tinha deixado levar um saco grande, o abade percebeu que quem mandava não era ele, mas a mulher.

7. Ser expulso ou forçado a sair de um sítio para a rua.

8. Dizer a verdade sem intenção de o fazer.

Oficina 9

1. 1. feliz + mente = felizmente; 2. sapatos - os + eiro = = sapateiro; 3. Trás-os + montes = Trás-os-Montes; 4. arco + íris = arco-íris; 5. porta + chaves = porta--chaves; 6. casamento - mento = casa.

2. 1. e; 2. c; 3. b; 4. d; 5. a.

3. 1. A letra «A». 2. Branca. 3. A escuridão. 4. A Régua. 5. cadeira - a + cão - c = cadeirão. 6. A letra «L». 7. Ana. 8. A letra «U». 9. A água do poço. 10. casa + + co = casaco. 11. O céu da boca. 12. A Guarda. 13. gira + sol = girassol. 14. Peru. 15. O relógio. 16. O livro. 17. A cedilha. 18. A pescada.

Oficina 10

1. 1. d; 2. a; 3. e; 4. c; 5. b.

3. «mais vale pedir do que roubar»: é preferível pedir, mesmo que isso cause algum embaraço, do que tirar algo alheio sem autorização.
«a homem pobre ninguém roubou»: quem é pobre não tem dinheiro para ser roubado, pelo que quem é roubado é-o porque possui dinheiro.

7. O azeiteiro quis dizer que não o ia voltar a comprar porque já não se deixava enganar por ele, uma vez que, devido ao tempo que passaram juntos, percebeu que o burro não era tão bom como ele pensava.

9. «onde está o ladrão, está o roubo»: por norma, o roubo encontra-se junto de quem o roubou.

PARTE II (CONTINUAÇÃO)
NÍVEL B2

Oficina 1

1. (Sugestão de resposta) Coragem: 1. valentia, 2. força, 3. bravura, 4. persistência, 5. valor;
Cobardia: 1. medo, 2. dúvida, 3. hesitação, 4. desistência, 5. fraqueza.

2. «quem quer fazer algo, encontra um meio; quem não quer fazer nada, encontra uma desculpa»: quando se quer realmente fazer alguma coisa, arranja-se sempre uma forma de a realizar, mas quando não se quer fazer, encontra-se um entrave que justifique a sua não concretização.

6. corajoso = valente; medroso = poltrão; disfarçar = = fingir; combate = escaramuça/batalha/guerreia

7. O rei e o alfaiate estavam a pensar em coisas diferentes: enquanto o rei pensava que o alfaiate tinha matado sete pessoas de uma vez, este tinha, na verdade, matado sete moscas (e era a elas que se estava a referir).

8. O alfaiate pretendia dizer que ia cair, e não que era Dom Caio. A confusão originou-se porque Caio era o nome do antigo general, mas também é a 1.ª pessoa do singular do presente do indicativo do verbo «cair».

9. Os soldados inimigos confundiram o alfaiate com Dom Caio por aquele trazer vestidas as roupas e montar o cavalo branco deste.

10. (Sugestão de resposta)
Agilmente
Luta com
Ferocidade contra
Aqueles que
Interferem com
A felicidade
Tocante e a
Esperança do seu povo.
Débil e
Obcecado com a
Mania de
Cavalgar
Atabalhoadamente e
Inconvicto das suas
Obrigações.

Oficina 3

2. 1. c; 2. a; 3. b.

6. 1. a; 2. a; 3. a; 4. b.

7. Quando a mestra descobriu que a menina estava enterrada sob a roseira.

Oficina 4

4. Verbos/Ações: chiar, ferver, temperar, provar, limpar, cozer, lamber.
Alimentos: caldo, água, couve, chouriço, pão, unto.
Utensílios de cozinha: panela, púcaro.

5. A. O caldo. B. A água. C. O sal.

6. a) V; b) V; c) F; d) F; e) F.

Oficina 5

5. A mulher não quis ir mais longe porque já tinha encontrado o que queria: o eco. Assim, a resposta à pergunta do marido seria sempre a última palavra que este dissesse.

7. Que gosta (muito) de beber (muito) vinho.

8. Um monte.

9. O eco.

Oficina 6

1.

C	O	S	T	A	S	O	R	U	G	E	P	C
B	A	V	C	B	I	H	R	M	S	Ç	E	V
A	A	B	P	R	U	L	Á	B	I	O	S	Z
R	H	B	E	A	Ç	E	Z	I	F	H	C	P
R	T	G	R	Ç	J	O	I	G	R	G	O	É
I	K	T	N	O	A	J	R	O	I	A	Ç	D
G	L	R	A	F	P	H	A	D	E	D	O	D
A	S	A	H	L	E	C	N	A	R	B	O	S
X	Ç	A	T	O	R	N	O	Z	E	L	O	I
O	R	E	L	H	A	L	M	N	F	V	T	U

8. A. «(...) ela disse ao rei que tinha os olhos assim que era de fazer uma camisa que passasse pelo fundo de uma agulha.»; B. «(...) a mulher disse ao rei que tinha as orelhas grandes que era de ouvir o que se passava a três léguas de distância.»; C. «(...) a mulher disse ao rei que tinha assim os braços que era de fiar uma meada em meia hora.»

Oficina 7

1. (Sugestões de resposta)
1. poupar; 2. moedas; 3. notas; 4. acumular; 5. responsabilidade; 6. precaver; 7. futuro; 8. mealheiro; 9. conta; 10. mesada/semanada.

7. 1. c; 2. b; 3. e; 4. a; 5. d.

Oficina 8

5. O momento-chave foi quando a velha tirou a cabeça de fora da cabaça e os lobos a comeram, enquanto um dos momentos secundários foi quando o homem deu a cabaça à velha, para esta se esconder dos lobos. Aquele é o momento-chave porque, devido ao seu descuido, a artimanha não resultou e a velha acabou por ser comida pelos lobos.

6. Em primeiro lugar, a velha não encontra três lobos, mas sim dois. Também não encontra dois homens, mas apenas um. Este não lhe dá uma melancia, mas uma cabaça. Finalmente, ela não oferece arroz-doce aos lobos e, infelizmente, também não chega sã e salva a casa.

8. (Sugestão de resposta)
«O Capuchinho Vermelho».

Oficina 9

2. A princesa suspira desta forma porque se apercebeu de que as previsões do conde de Paris estavam corretas.

3. A princesa não quis o conde de Paris porque achou mal este ter comido o grão de romã em vez de o ter deixado cair na toalha.

5. «comer pão de romeiro»: «Pelo caminho, disse a princesa que tinha fome e, como ali não houvesse de comer, disse-lhe o preto que, se ela queria, ele iria pedir um bocado de pão àquele romeiro que viram no caminho; ela então comeu o pão (...)»
«beber água de um charqueiro»: «Foram mais adiante, e a princesa disse que tinha sede, e o preto respondeu que ali só havia água de um lameiro. A princesa bebeu (...)»
«comer papas em palheiro»: «Então a princesa perguntou com que as havia de comer, e ele disse-lhe que com a mão, e como não podia esperar pela taça, que as deitava na palha, e que as comesse ela de lá. A princesa, como tinha muita fome, comeu como pôde.»

Oficina 10

2. «amigo fiel e prudente vale mais do que parente»: um parente, só por sê-lo, pode não ser tão fiel e prudente como um amigo.
«boa amizade é um segundo parentesco»: ter uma boa amizade é tão bom como ter parentes.

5. O irmão mais novo sabia o caminho porque tinha deixado pequenas pedras a marcá-lo. Depois, só tinha de as seguir para chegar a casa.

8. 1. d; 2. a; 3. b; 4. c; 5. e.

Bibliografia

Baptista, A., Viana, F. L. & Barbeiro, L. F. (2011). *O Ensino da Escrita: Dimensões Gráfica e Ortográfica.* (1.ª ed.). Lisboa: Ministério da Educação. Direção-Geral de Inovação e de Desenvolvimento Curricular.

Barbeiro, L. F. & Pereira, L. A. (2007). *O Ensino da Escrita: A Dimensão Textual.* (1.ª ed.). Lisboa: Ministério da Educação. Direção-Geral de Inovação e de Desenvolvimento Curricular.

Braga, T. (2013). *Contos Tradicionais do Povo Português.* (1.ª ed.). (Vol. 1). Rio de Mouro: Edição Agrupamento de Escolas de Rio de Mouro.

Coelho, A. (1995). *Contos Populares Portugueses.* (4.ª ed.). Lisboa: Publicações Dom Quixote.

Conselho da Europa. (2001). *Quadro Europeu Comum de Referência para as Línguas – Aprendizagem, Ensino, Avaliação.* (M. J. P. do Rosário e N. V. Soares, Trads.). (1.ª ed.). Porto: Edições ASA.

Grosso, M. J. *et alii* (2008). *O Português para Falantes de Outras Línguas. O Utilizador Elementar no País de Acolhimento.* (1.ª ed.). Lisboa: Ministério da Educação. Direção-Geral de Inovação e de Desenvolvimento Curricular.

Grosso, M. J. *et alii* (2008). *O Português para Falantes de Outras Línguas. O Utilizador Elementar no País de Acolhimento. Sugestões de Actividades e Exercícios.* Lisboa: Ministério da Educação. Direção-Geral de Inovação e de Desenvolvimento Curricular.

Grosso, M. J. *et alii* (2009). *O Português para Falantes de Outras Línguas. O Utilizador Independente no País de Acolhimento.* (1.ª ed.). Lisboa: Agência Nacional para a Qualificação, I.P.

Grosso, M. J. (coord.). (2011). *QuaREPE – Quadro de Referência para o Ensino Português no Estrangeiro. Documento Orientador.* Lisboa: Ministério da Educação e Ciência.

Grosso, M. J. (coord.). (2011). *QuaREPE – Quadro de Referência para o Ensino Português no Estrangeiro. Tarefas, Actividades, Exercícios e Recursos para a Avaliação.* Lisboa: Ministério da Educação e Ciência.

Instituto Cervantes. (2009). *Plan Curricular del Instituto Cervantes. Niveles de Referencia para el Español.* Madrid: Biblioteca Nueva.

Leiria, I. (coord.). (2008). *Orientações Programáticas de Português Língua Não Materna (PLNM) Ensino Secundário.* Lisboa: Ministério da Educação. Direção-Geral de Inovação e de Desenvolvimento Curricular.

Mateus, M. H. M. (coord.). (s.d.). *Testes de Diagnóstico de Português Língua Não Materna. Introdução Geral.* Lisboa: Ministério da Educação. Direção-Geral de Inovação e de Desenvolvimento Curricular.

Mateus, M. H. M. (coord.). (s.d.). *Testes de Diagnóstico de Português Língua Não Materna. Alunos do Primeiro e do Segundo Anos do Ensino Básico.* Lisboa: Ministério da Educação. Direção-Geral de Inovação e de Desenvolvimento Curricular.

Mateus, M. H. M. (coord.). (s.d.). *Testes de Diagnóstico de Português Língua Não Materna. Alunos do Terceiro e do Quarto Anos do Ensino Básico. Alunos do Quinto e do Sexto Anos do Ensino Básico.* Lisboa: Ministério da Educação. Direção-Geral de Inovação e de Desenvolvimento Curricular.

Mateus, M. H. M. (coord.). (s.d.). *Testes de Diagnóstico de Português Língua Não Materna. Alunos do Terceiro Ciclo do Ensino Básico. Alunos do Ensino Secundário.* Lisboa: Ministério da Educação. Direção-Geral de Inovação e de Desenvolvimento Curricular.

Mateus, M. H. M. (2009). *Processo de Validação dos Testes de Diagnóstico de PLNM – Relatório Final.* Lisboa: Ministério da Educação. Direção-Geral de Inovação e de Desenvolvimento Curricular.

Ministério da Educação. (2001). *Portefólio Europeu de Línguas. Educação Básica 10-15 Anos.* Modelo acreditado n.º 20/2001. Lisboa: Autor.

Ministério da Educação. (2001). *Portefólio Europeu de Línguas. Ensino Secundário +16 Anos/Adultos.* Modelo acreditado n.º 21/2001. Lisboa: Autor.

Ministério da Educação. (2010). *O Meu Primeiro Portefólio Europeu de Línguas.* Modelo acreditado n.º 116/2010. Lisboa: Autor.

Ministério da Educação. Direção-Geral de Inovação e de Desenvolvimento Curricular. (s.d.). *Português Língua Não Materna – Esclarecimento.* Lisboa: Autor.

Ministério da Educação. Direção-Geral de Inovação e de Desenvolvimento Curricular. (2005). *Português Língua Não Materna no Currículo Nacional. Documento Orientador.* Lisboa: Autor.

Ministério da Educação. Direção-Geral de Inovação e de Desenvolvimento Curricular. (s.d.). *Português Língua Não Materna no Currículo Nacional. Orientações Nacionais: Perfis Linguísticos da População Escolar que Frequenta as Escolas Portuguesas.* Lisboa: Autor.

Pedroso, C. (1992). *Contos Populares Portugueses.* (5.ª ed.). Lisboa: Editora Veja.

Sim-Sim, I. (2007). *O Ensino da Leitura: A Compreensão de Textos.* (1.ª ed.). Lisboa: Ministério da Educação. Direção-Geral de Inovação e de Desenvolvimento Curricular.

Sim-Sim, I. (2009). *O Ensino da Leitura: A Decifração.* (1.ª ed.). Lisboa: Ministério da Educação. Direção-Geral de Inovação e de Desenvolvimento Curricular.

Viana, F. L. (2009). *O Ensino da Leitura: A Avaliação.* (1.ª ed.). Lisboa: Ministério da Educação. Direção-Geral de Inovação e de Desenvolvimento Curricular.

Sítios consultados

Dicionário Priberam da Língua Portuguesa. [http://www.priberam.pt/dlpo/Default.aspx]

Educar para Crescer. [http://educarparacrescer.abril.com.br/index.shtml]

Infopédia – Enciclopédia e Dicionários Porto Editora. [http://www.infopedia.pt]

Camões – Instituto da Cooperação e da Língua, I. P. [http://www.instituto-camoes.pt]

Plano Nacional de Leitura. [http://www.planonacionaldeleitura.gov.pt/index1.php]

The Children's Reading Foundation. [https://readingfoundation.org]

